公文写作精讲

思路、模式、场景应用

老笔头◎编著

上册·为言

人民邮电出版社

北 京

图书在版编目（ＣＩＰ）数据

公文写作精讲 : 思路、模式、场景应用. 上册，为
言 / 老笔头编著. -- 北京 : 人民邮电出版社，2021.4（2024.1重印）
ISBN 978-7-115-56074-2

Ⅰ．①公… Ⅱ．①老… Ⅲ．①公文－写作 Ⅳ．
①C931.46

中国版本图书馆CIP数据核字(2021)第049484号

内 容 提 要

　　本书突出实操性，采用"经验+范例"的形式，讲解领导讲话、工作汇报、述职报告、党课讲稿、学习体会、研讨发言稿、主持词和致辞等常用公文的写作方法和行文技巧，使读者从中受到启发、获得教益，进而提高公文写作能力。

　　本书脉络清晰、层次分明，角度新颖、深入浅出，语言鲜活、通俗易懂，没有枯燥的理论说教，均是具有操作性的"干货"，适合党政机关、企事业单位文字工作者阅读，也适合对文字工作感兴趣的读者学习，还可作为文秘相关专业的教材。无论是公文写作新手还是老手，都能从中学到一定的实战经验和技巧。

◆ 编　著　老笔头
　　责任编辑　刘　尉
　　责任印制　王　郁　焦志炜

◆ 人民邮电出版社出版发行　　北京市丰台区成寿寺路 11 号
　　邮编　100164　　电子邮件　315@ptpress.com.cn
　　网址　https://www.ptpress.com.cn
　　大厂回族自治县聚鑫印刷有限责任公司印刷

◆ 开本：720×960　1/16
　　印张：14　　　　　　　　　2021 年 4 月第 1 版
　　字数：214 千字　　　　　　2024 年 1 月河北第 12 次印刷

定价：69.80 元

读者服务热线：(010)81055256　印装质量热线：(010)81055316
反盗版热线：(010)81055315
广告经营许可证：京东市监广登字 20170147 号

序言

"藏锐气于胸，浮和气于面，见才气于事，施义气于人"，这是老笔头所奉做人做事之圭臬。

2015 年 12 月某日，一间斗室，三五个笔友，指点江山，激扬文字，于谈文论道间顿出豪言：将写作心法献之于世、授之于人，让天下再无难写之公文。

一人振臂，众皆景从。老笔头微信公众号呱呱坠地。

"大道不孤，德必有邻。"5 年多来，在这块"原创自留地、经验分享田"上，老笔头团队秉持"授人以鱼不如授人以渔"之初心，埋头耕耘，教写作之妙法，析范文之精义，与笔友一起"听文有得、携笔同道"，赢得广大粉丝的称道和点赞。

既有那么多原创作品且广受好评，何不集腋成裘、串珠成链，让更多的同道中人因之受惠，省却沧海拾贝之苦？

于是，便有了本书。

本书并非市面上常见的公文写作类工具书，亦非来自书斋里的经院派著述。它出自一群长期在公文写作一线摸爬滚打、身经百战的笔杆子之手，或许稍显粗糙，抑或略欠雅致、精巧，但却是实践经验的总结、实战心法的提炼，字里行间喷薄着淋漓的真气、勃发的生气、鲜活的地气。

"真传一句话，假传万卷书。"公文写作并不是什么高深莫测的"玄学"，读者勤学苦练、多思善悟，便可进入"运用之妙，存乎一心"之境。为此，本着简单易学好操作的原则，本书采用"经验＋范例"的方式，通过上下册16 章内容，分类阐述了常用公文的写作方法和技巧，以使读者能受到启发、得到启示，进而有所得、有所获、有所悟。

"未谙姑食性，先遣小姑尝。"本书是老笔头团队的试水之作，作为编著者，我们有几分激动，亦有几分忐忑。尽管在编写过程中力求至臻至善，但由于水平有限，书中难免有疏漏之处，还望方家拨冗垂阅、不吝赐教，亦请读者指点教化、郢削斧正。若此，则幸莫大焉！

是为序。

老笔头

2021 年 2 月

目录

第一章

领导讲话

笔墨当随时代

——撰写领导讲话稿要突出"四讲"

▼

讲话是领导开展公务活动的一种方式，领导讲话稿是党政机关公文中的一种特殊公文，具有政治权威性、宏观指导性、思想哲理性、情感激励性、实践操作性等特点，必须体现时代特色，必须做到"四讲"，即讲政治、讲逻辑、讲辩证、讲创新。本节将以撰写党委办公室工作讲话稿为例，介绍撰写领导讲话稿突出"四讲"的方法。

一、讲政治

撰写党委办公室工作讲话稿，首先要准确定位办公室干部的工作职责。对于办公室干部而言，首要的职责是要讲政治，或者将其表述为忠诚，也就是"五个坚持"中的第一条——"坚持绝对忠诚的政治品格"。

讲政治是什么？讲政治就是要讲规矩、守纪律、懂政策。《诸葛亮集·兵要》讲："人之忠也，犹鱼之有渊。"老笔头查阅了一些党委办公室干部的工作讲话稿，关于讲政治的表述有很多。

"在办公室工作，首要的是忠诚可靠、爱岗敬业，最核心的是要讲政治、讲大局、讲原则。要始终坚持正确的政治方向，忠于党和人民的事业，坚定不移地贯彻执行党的路线方针政策和党委的决策部署。"

"要在备受信任的岗位上忠诚履职。"

"我们必须把忠诚履职作为第一使命，作为最本质、最核心的原则和追求。"

"坚定理想信念，把忠诚当品格。"

"要把讲政治作为我们工作的灵魂。坚持正确的政治方向，把讲政治体现到日常工作中，赤胆忠心、满腔热忱，一丝不苟、精益求精。树立高度的政治责任感和政治荣誉感，守得住清贫，耐得住寂寞，严守政治纪律，在重大原则问题上，立场坚定，旗帜鲜明，始终在思想上、政治上、行动上同党中央保持高度一致。"

老笔头做了一个归纳，讲政治体现为"三个意识"。

一是服务意识。 办公室工作的本质就是服务。在老笔头的资料汇编中，有一份题为"办公室系统优质服务竞赛"的领导讲话稿。该讲话稿提出了"三服务"的概念，即为党委服务、为部门服务、为人民群众服务，也提出了要服务全局、服务决策、服务发展，还提出了"服务无小事，服务即小事"的理念，全篇有一百八十九个"服务"。由此可见，办公室工作和办公室秘书必须始终保持服务意识。

二是服从意识。 服从不难理解，公文写作不是文学创作，不能"我手写我心"，必须服从领导。究竟怎么服从呢？首先，服从领导的安排，这是"本"；其次，把握领导的意图，这是"纲"；最后，体现领导的风格，这是"魂"。要做到这三点很难，秘书们必须身怀"十八般武艺"，且样样精通，才能有效应对领导的各种要求，写出令领导满意的公文。那秘书们要怎样做才能更准确地把握领导的意图呢？老笔头的体会是跟着走、当面聊、仔细听、快速记、反复想、照着写。

三是政策意识。 办公室秘书必须有高度的政治觉悟、灵敏的政治嗅觉、较高的政策水平，要时刻关注政治动态、及时了解上级政策、灵活应用经典言论。换言之，政策意识就是指办公室秘书要对上级的各种政策非常"敏感"，能够敏锐地捕捉各种政策信息，并做好相关的收集、整理工作，学习、领会、运用这些政策信息。

二、讲逻辑

公文写得好不好，逻辑至关重要。在办公室从事公文写作工作的秘书，必须懂哲学讲逻辑，如果办公室秘书哲学学得好，逻辑讲得通，公文写作水平自然就提高了。

公文写作是思维的体操，必须讲逻辑、懂逻辑，强化逻辑思维，富有逻辑力量。内涵与外延、归纳与演绎、分析与综合、抽象与概括，这些概念都属于逻辑的范畴。以下为经典的案例。

（一）要在备受信任的岗位上忠诚履职

第一，要把讲政治作为我们工作的灵魂。第二，要把讲大局作为我们工作的中心。第三，要把讲原则作为我们工作的规矩。第四，要把讲纪律作为我们工作的操守。

（二）要在肩负重托的岗位上广学博览

第一，要博览群书。第二，要博闻强记。第三，要博采众长。第四，要博学多才。

（三）要在处于幕后的岗位上乐于奉献

第一，要爱岗敬业。第二，要甘居幕后。第三，要淡泊名利。

（四）要在关系全局的岗位上服务大局

第一，要提高服务全局的水平。第二，要提高服务决策的水平。第三，要提高服务发展的水平。

（五）要在大有作为的岗位上争创一流

第一，要始终充满激情。第二，要始终坚持高标准。第三，要始终争创一流的工作业绩。

从这个案例来看，其整个框架条理清晰、逻辑严密、层次分明。秘书撰写领导讲话稿必须讲逻辑，这样不仅会让听众觉得领导的讲话结构严谨、条理清晰、层次分明，还能使自己在公文写作时不至于犯一些低级可笑的错误。以下为经典的案例。

全体共产党员，特别是广大村干部，要努力学习科学文化知识。

这句话就有明显的逻辑错误，很显然，村干部不一定是党员，所以两者不是包含与被包含的关系。

更为重要的是，讲逻辑能让大家把握各种工作之间的联系，做到条理清晰、严谨周密。这样一来，大家在撰写公文时就不会"眉毛胡子一把抓""东一榔头西一棒槌"，使所写内容重复啰唆，牵扯不清，甚至不知所云。

三、讲辩证

第二点讲到要多学哲学。秘书学哲学的目的是掌握科学的方法论，用哲学指导具体的工作，其中最重要的是要用好辩证法，用其指导公文写作。在公文写作时，秘书不仅要具备逻辑思维，更要运用唯物辩证法，具备辩证思维。

唯物辩证法的基本特征：普遍联系、永恒发展。

唯物辩证法的基本规律：对立统一、质量互变、否定之否定。

唯物辩证法的基本范畴：现象和本质、内容和形式、原因和结果、可能性和现实性、偶然性和必然性。

唯物辩证法的其他范畴：整体和部分、个性和共性、相对和绝对等。

矛盾分析法：同一性和斗争性、普遍性和特殊性、两点论和重点论、具体问题具体分析。

某篇有关办公室工作的领导讲话稿就引用了哲学家的话。

"影响我们前进的可能不是前方的一座高山，而是我们鞋帮里的一粒沙子。"这里面蕴含着深刻的哲学道理，有时我们在工作中也会遇到一些问题，这些问题没能解决，我们要多从自己身上反思，是不是自己的鞋帮里不小心掉进了一粒"沙子"？是不是自身存在的一些"小毛病"影响了前进的速度？如果是，那么我们就要赶快把"沙子"倒出，然后使自己更快地前进。

撰写这篇讲话稿的秘书就很懂哲学、逻辑学，因为这篇讲话稿接着提出了以下观点。

由此及彼，办公室工作要注意三个方面的问题：第一，要防止片面性；第二，要防止惰性；第三，要防止虚浮。

没有学过逻辑学的秘书是提不出这几个观点的，而一旦提出这几个观点，文章的层次自然而然就得到了提升。

四、讲创新

"笔墨当随时代，为文常思创新。"古人讲："惟陈言之务去""文章须自出机杼，成一家风骨""须教自我胸中出，切忌随人脚后行""删繁就简三秋树，领异标新二月花"。这些话都在讲写文章应创新。

自古以来，人们就讲写文章贵在创新。如果秘书在撰写报告、总结、领导讲话稿时，不注重与时俱进，不讲求创新突破，就很容易老调重弹，这样不仅难以锻炼自己的写作能力，更不利于领导指导工作实践。比如，有关办公室工作的公文年年都要写，那如何创新呢？老笔头觉得至少可以参考以下三点。

一靠观点。观点新颖、思想新潮、见地独到，即使修辞略显简陋、笔法略显稚嫩，这样的公文仍然是可观的作品。以下为经典的案例。

一、要紧贴中心谋大事，进一步增强决策服务的主动性

（1）要围绕中心、把握大局，做到"参之有道"。

（2）要把握党委和领导的意图，做到"谋之有方"。

（3）要抓好调查研究、信息处理工作，做到"言之及时"。

二、要围绕决策抓落实，进一步增强督查服务的权威性

（1）要在督查思路上想新招、闯新路。

（2）要在督查过程中求实效、出实招。

（3）要在督查落实上下真功、动真格。

三、要着眼全局抓协调，进一步增强日常运转的实效性

（1）要切实加强综合协调。

（2）要切实转变文风会风。

（3）要切实加快信息化建设。

（4）要切实提升应急处置能力。

四、要增强素质树形象，进一步增强干部队伍的创造性

（1）要坚持把提高技能与改进作风相结合。

（2）要坚持把激活内力与外向交流相结合。

（3）要坚持把严格管理与热情关心相结合。

放到现在来看，这些观点或许不一定具有新意，但如果老笔头告诉你这是2010年左右的观点，那你是不是觉得这些观点有点"潮"了？

再举个例子。

权位只是脚下的台阶，不是一个人真正的高度；荣耀只是脸上的脂粉，不是一个人真正的肤色。

这样的观点在当时也是比较新锐的。

二靠构思。老笔头认为，写文章最起码要做到两点，一是"说清楚、说明白"，二是"说得好、说得妙"。这个"妙"就要体现在构思上。比如，有关办公室工作的公文年年都要写，如何写出彩呢？老笔头就找到了一个打破以往条条框框的范本，这个范本没有写一二三四、子丑寅卯，而是将其换成了以下四句话，围绕这四句话来写文章。

第一句话，是毛泽东同志说过的："我们队伍里边有一种恐慌，不是经济恐慌，也不是政治恐慌，而是本领恐慌。"

第二句话，是一个企业家对员工说的，他说："当领导交给你一个难题的时候，你不能说没有办法，而要说'我一定会做好！'"

第三句话，是一位哲学家说的："影响我们前进的可能不是前方的一座高山，而是我们鞋帮里的一粒沙子。"

第四句话，是印度诗人泰戈尔说的："花朵的事业是美丽的，果实的事业是尊贵的，但我愿做一片绿叶，绿叶的事业是默默地垂着绿荫的。"

这篇文章也是2010年左右写的，但文章构思精妙，打破了传统的公文写作套路，围绕四句话来写文章，在当时给人耳目一新的感觉。

三靠简约。领导所用的公文其实就是领导的讲话稿，在说清楚、说明白的前提下，自然是越短越好。简约是一种品格、一种修养、一种才能。刘勰曾说："夫美锦制衣，修短有度，虽玩其采，不倍领袖，巧拙难繁，况在乎拙？"这句话的大意是不能因为材料精美就把领子和袖子增长一倍。如今的领导讲话稿基本上是越写越短，但这并不代表写领导讲话稿的秘书无话可写，而是因为公文的文风在转变，文风越来越务实、越来越简约凝练。

范文

在全市办公室工作会议上的讲话

同志们：

办公室工作是一项很重要的工作，可能有的人不想做，或者不愿长期做，但办公室工作并不是想做就做得了的工作。我把办公室工作概括为一句话：办公室做的是小事、具体事，但必须天天要做事；做好了是小事，没做好就是大事，所以必须认认真真做事。在这里，我想给同志们推荐一部书，由肖仁福同志撰写的《仕途》，书中记录了某地市委政研室副主任乔不群的仕途。虽然小说是虚构的，但读者不仅可以从中感悟行政工作的要领，还能体会到办公室工作的辛苦、清苦和艰苦之处。办公室工作是一项崇高的工作，能培养人、锻炼人、成就人，是事业成就人、感情成就人、待遇成就人的结合体。那么怎么才能做好办公室工作，找准事业、感情、待遇三者的结合点？我想借用几句话，与大家共勉，同时也将其作为对全市在办公室工作的同志的期盼和要求。

第一句话，是毛泽东同志说过的："我们队伍里边有一种恐慌，不是经济恐慌，也不是政治恐慌，而是本领恐慌。"

　　这句话是毛泽东同志在新民主主义革命时期说的,至今读来仍觉警醒。当然,我不是说我们的同志有本领恐慌,相反,我认为大家的能力都很强,但是形势在不断发展变化,知识日新月异,竞争日趋激烈,我们必须不断地提高自己、丰富自己、充实自己,才有可能站稳脚跟,不断争取新的成功和胜利。我们做办公室工作的同志,就要以这种"恐慌感"来增强勤奋学习、提高素质的紧迫感,努力做到"四个博"。**一是要博览群书**。多读书,多掌握知识,包括学习政治理论、学习经济知识、法律知识、科技知识、历史知识和哲学知识,特别是与经济工作密切相关的知识,大家都要了解和掌握。我建议也要求办公室干部提倡三个"一本"的学习方法,即床头摆一本,睡前翻一翻;包里带一本,空余时间看一看;办公桌上放一本,闲暇时间读一读,形成一种务实读书的风尚。**二是要博闻强记**。做办公室工作,不博闻强记是不行的,有些东西你必须要记,并且要把它时刻放在脑子里,如国土面积、人口数量、行政区划、一定时期内的主要工作目标、主要经济指标等。尤其是做文字工作的同志,还要记住一些名人名言、经典论断、历史典故和报章上的精彩言论,这不仅是出于工作的需要,也是提升个人素质的要求。**三是要博采众长**。任何个人的能力和智慧都是有限的,每个人都必须在一种良好的人际关系与和谐的气氛中,认真听取各方面的意见,学习别人的长处和智慧。在领导身边工作,更要协调各方面的关系,广泛吸收各个方面有益的建议、各种不同的意见,包括批评意见,这样才能做到去粗取精、去伪存真,才有为领导出主意、当参谋的前提和可能。**四是要博学多才**。为什么要求办公室的同志要博学多才?因为办公室的同志是做综合性工作的,单就经济工作而言,它就涉及财贸、工业、农业等方面的知识,这就决定了我们要努力熟悉各方面的情况,掌握各方面的知识,尽可能多涉猎一些领域,多掌握一些知识,努力使自己成为通才。

　　第二句话,是一个企业家对员工说的,他说:"当领导交给你一个难题的时候,你不能说没有办法,而要说'我一定会做好!'"

　　这既是一个工作态度的问题,又是一个工作能力的问题。办公室同志要有高度的事业心和责任感,既要敢于担当,又要具备相当的执行力,要善于担当;既要能为领导决策提出建议,又要善于化解矛盾、落实决策,让决策及时转化为惠及广大人民群众的成果。去年以来,我市推进工业大招商、大信访、大城管工作格局，发展势头很好，取得了明显的成效，但在新的一年中，我们会碰到新的难题。经济总量不大和结构不优始终是制约我市工业发展的一大问题，在今年中央加大经济结构调整力度，提高经济发展质量和效益的大背景下，怎样把调整经济结构与扩大经济总量结合起来，加快工业的转型发展，值得我们仔细思考。我们进行招商引资，扩大对外开放，工业园区建设有了一个很好的起步。但如何加快建设进度，使入园企业尽快达产达效提供税收，进而强力推动我市的整个工业化进程？我们的城市基础设施相对滞后，市民的素质有待提高，而省级文明城市创建在即，这些问题怎么解决？我们的财源结构不尽合理，工业税收占的比重太小，怎样加大财源建设力度，迅速壮大地方财力？所有这些问题、困难、矛盾，都需要我们办公室的同志加强调查研究，拿出解决实际问题的办法和措施，为领导决策提供可行的依据。而在实际工作中，我们经常听到有的同志讲"没有办法"，或者"我已想尽办法"，这种行为在办公室系统是绝对不允许存在的。该出手时要出手，该出手时必出手。那么如何做到该出手时能出手，该出手时善出手？我们要运用时钟与分钟的原理来解决这一问题。办公室干部思考、调研，工作六十分钟是为领导的一分钟决策提供参考；领导的一个决策，办公室干部要以六十倍的努力来推动领导决策的落实。

第三句话，是一位哲学家说的："影响我们前进的可能不是前方的一座高山，而是我们鞋帮里的一粒沙子。"

这需要的就是一种自省自励的精神。有时我们在工作中也会遇到一些问题，这些问题没能解决，我们要多从自己身上反思，是不是自己的鞋帮里不小心掉进了一粒"沙子"？是不是自身存在的一些"小毛病"影响了前进的速度？如果是，那么我们就要赶快把"沙子"倒出，然后使自己更快地前进。由此及彼，办公室工作要注意三个方面的问题。**第一，要防止片面性**。处理问题、思考问题一定要防止片面性，防止走极端。办公室的工作千头万绪，办公室的同志每天都很忙，但一定要做到忙而不乱，特别是对有些问题，一定要注重理性思考。我们处理的一些问题涉及很多方面，涉及深层次的矛盾，这个时候一定要全面地、辩证地看问题，不能片面，不能走极端。为领导出谋献策的依据一定要真实全面，不能提供失真失准的决策依据。起草重要文件，起草领导讲话稿，这个过程同样是出谋献策的过程，是体现秘书的思想方法、思想观念的过程，即便领导的意图交代得很清楚，有些观点仍要靠秘书去完善，有些素材要靠秘书去补充，我们要将思想方法、政策水平充分寓于每一个文字之中，使每一个观点、每一种思路都经得起推敲，这样才能真正发挥以文辅政的作用。**第二，要防止惰性。**办公室的同志一天到晚忙忙碌碌，但不能不讲效率，效率优先始终是办公室工作的首要前提。无论办文、办公、办事，都要雷厉风行，做到优质高效。我们讲优化发展环境，其中，政务环境是一个很重要的环境，而政务环境的优化，在很大程度上依赖于办公室工作水平的提高。我希望各级办公室把"绩效"作为新一年办公室工作的首要标准，从办公室做起，以良好的绩效来激励并带动我市政务环境的根本好转。

第三，要防止虚浮。一个地方要发展，如果光有目标，光有纲领，光有政策，而没有扎扎实实的作风是不行的。不落实就落空，不落实就落后。这要求我们各级领导干部一定要有求真务实的精神，坚决克服那种虚浮不实、只说不干的不良作风。办公室是落实各级党委政府决策的第一站，党委政府的决策落实要在各级办公室得到充分的体现。办公室不落实，一切难落实，所以办公室工作要讲求强烈的务实精神，办公室干部要有公平、正义的责任感，敢抓落实，善抓落实，要借领导之威、部门之力、舆论之势，推动各项工作的落实。那种"慷慨激昂在会上，宏伟蓝图在墙上，措施得力在纸上，就是落不到行动上"的不实作风，我们要坚决预防和抵制。

第四句话，是印度诗人泰戈尔说的："花朵的事业是美丽的，果实的事业是尊贵的，但我愿做一片绿叶，绿叶的事业是默默地垂着绿荫的。"

这句话说得很好，很有哲理，也很动人。花朵当然美丽，果实当然尊贵，绿叶则默默无闻，朴实无华，只是作为衬托。但没有绿叶是不行的，如果没有绿叶，哪来的花朵、哪来的果实？我们做办公室工作就要有这种绿叶精神，也就是奉献精神，要淡泊名利，无私奉献，不计较个人得失。善为人先，甘为人后，这是办公室特定的岗位所决定的，同志们的个人问题请放心，我很有信心帮助大家解决。从权力的内涵来分析办公室干部的职权，办公室干部行使的是决策参考权、决策建议权，它属于非权力性影响力的范畴。具体来说，影响力分为权力性影响力和非权力性影响力。权力性影响力是法律赋予的，与岗位对等的，随着岗位的调整而变化；而非权力性影响力则是一个人的学识、品行、作风的综合反映，也就是人们常说的人格魅力，它是长久的，它与岗位并不对等，与权力性影响力相得益彰，是人们的终身追求，备受全社会的共同推崇。在此，我郑重忠告各位办公室干部：不要过分追求权力性影响力。"权位只是脚下的台阶，不是一个人真正的高度；荣耀只是脸上的脂粉，不是一个人真正的肤色。"办公室干部唯有注重非权力性影响力的培养，拥有丰富的知识，拥有做好工作的实际本领，拥有良好的人格，才能说到达了真正的高度，这才是永恒的。在办公室工作的同志受累、受苦，有时还受气，这是客观存在的。受累，一天到晚忙个不停；受苦，就是工作艰苦，生活清苦。累和苦是交织在一起的，受不住累和苦，就做不好办公室工作。受气，有时候领导性子急了，或者某位同志哪件事情没做好，领导批评几句，这样的情况也会发生。对此大家一定要理解，领导批评人，并不是出于恶意，而是出于对工作的重视，很多情况下还是出于对部下的爱护。严是爱，宽是害，相信大家懂得这个道理。

办公室的许多同志长期以来默默耕耘，无私奉献，工作不分昼夜，为服务全市改革发展稳定大局做出了积极的贡献。这种作风，这种精神，我们要进一步发扬光大。各部门单位的主要领导同志要充分理解和关心办公室干部职工的政治需求、学习需求、工作需求、生活需求、健康需求，尽力帮助大家解决一些需要解决的实际问题，尽力为大家提供一个较好的工作、生活条件，特别是要关心办公室同志的成长进步，落实"事业留人，感情留人，适当的待遇留人"的要求，努力在办公室营造出一种团结和谐的良好工作氛围。

同志们，做好新形势下的办公室工作，责任重大，任务艰巨。希望全市办公室系统的同志，以强烈的责任感、使命感和事业心，不断开拓创新，积极争先创优，努力把办公室工作提高到一个新的水平。

老笔头点评

这篇文章构思精妙、形式新颖，打破了传统的公文写作套路，围绕四句话来写文章，给人耳目一新的感觉。四句话即四个观点，观点与观点之间相互关联，观点与内容之间实现了有机统一。

文无定法有套路
——撰写领导讲话稿的"四个套路"

▼

人们常说"文无定法",因为不同领导讲话的风格不一、喜好的"口味"不同。有的领导喜欢言简意赅,有的领导喜欢引经据典,有的领导喜欢用语形象生动,有的领导喜欢句式优美,可以说是"众口难调"。

老笔头认为,写文章虽然"无定法",但有章可循。公文写作是实用文体写作,往往有其相对固定的章法。作为一名秘书,必须懂得领导讲话稿写作的"套路"。

一、思维套路:"2W1H"

公文写作的一般思维套路是"2W1H",即是什么(What,提出问题),为什么(Why,分析问题),怎么做(How,解决问题)。一篇讲话稿,一般至少包含以下三个方面的内容。

一要明确任务,突出重点,认真做好当前某项工作(是什么)。

二要统一思想,提高认识,切实增强做好某项工作的紧迫感和责任感(为什么)。

三要加强领导,狠抓落实,确保某项工作任务圆满完成(怎么做)。

不知道"是什么",心中无数,就不能明确工作任务,抓不住工作重点;不知道"为什么",就不可能理解工作的意义,认识不提高,思想不统一,工作起来就缺乏动力;不知道"怎么做",不加强对工作的领导,不狠抓具体措施的实施,圆满完成工作任务就是一句空话。这三者的先后顺序可以根据讲话需要,做适当调整。

懂得了这个套路，秘书还需要琢磨领导的风格。举个例子，一位秘书在给领导起草题为"谈廉洁"的党课讲话稿时，知道领导喜欢凝练的语言，他就为领导的讲话稿撰写了简单的小标题。

一、为何廉洁

二、何谓廉洁

三、如何廉洁

有位领导喜欢长句，秘书在给他撰写全县精准扶贫工作推进会上的讲话稿时，就采用了以下这组标题。

一、深化理念认识，以精准扶贫攻坚的思想自觉引领行动自觉

二、强化工作措施，以精准扶贫攻坚的务实举措扎实推进工作

三、加强组织保障，以精准扶贫攻坚的责任担当抓好任务落实

二、结构套路：起承转合

清代学者刘熙载在《艺概·文概》中说："起、承、转、合四字，起者，起下也，连合亦起在内；合者，合上也，连起亦合在内；中间用承用转，皆兼顾起合也。"起承转合之间的关系，起中有合，合中有起，这是首尾呼应，而承与转皆兼顾起与合，这是上下勾连，一脉相承。所以四者之间相互依存，相互作用，具有严密的逻辑性，体现出很强的辩证关系。以下为经典的案例。

深挚祝贺张学良先生九十寿辰

汉卿先生如晤：

（**起**）欣逢先生九秩寿庆，颖超特电表示深挚的祝贺。

（**承**）忆昔五十四年前，先生一本爱国赤子之忱，关心民族命运和国家前途，在外侮日亟、国势危殆之秋，毅然促成国共合作，实现全面抗战；去台之后，虽遭长期不公正之待遇，然淡于荣利，为国筹思，赢得人们景仰。恩来在时，每念及先生则必云：先生乃千古功臣。先生对近代中国所作的特殊贡献，人民是永远不会忘怀的。

（**转**）所幸者，近年来，两岸交往日增，长期隔绝之状况已成过去。先生当年为之奋斗、为之牺牲之统一祖国振兴中华大业，为期必当不远。想先生思之亦必欣然而自慰也。

（**合**）我和同辈朋友们遥祝先生善自珍重，长寿健康，并盼再度聚首，以慰故人之思耳！

问候您的夫人赵女士。

邓颖超

一九九〇年五月三十日

（原载 1990 年 5 月 31 日《人民日报》）

再举个例子。

（**起**）民力是最大的资源，民生是最大的政治，民主是最大的稳定。

（**承**）"重教"，就是要始终坚持"全心全意为人民服务"的宗旨，始终坚持"抓教育就是抓全局和未来，抓教育就是抓经济发展和人民福祉"的思想，加大教育投入，深化教育改革，确保教育优先发展、均衡发展。

（**转**）下一步，我县要进一步健全县级党政领导干部定点联系学校制度，建立乡镇政府及县直部门教育工作责任制和责任追究制，确保国家和省、市教育决策部署落到实处；进一步动员和协调有关职能部门、社会力量积极支持教育工作，形成强大的教育工作合力。

（**合**）真正在全县形成"党以重教为先，政以兴教为责，民以助教为乐"的尊师重教浓厚氛围，让教育更加符合群众的需要，更加满足发展的需求。

三、论证套路：层层剥笋

层层剥笋法也叫"解剖麻雀法"，它往往由浅入深，由简单到复杂，由现象到本质，一层比一层更接近事理本质。这一层与下一层的关系就像逻辑链条一样紧密相连，从而使说理更加充分。文章的结构对行文各层的先后顺序有严格要求，要环环相扣。

举个例子，一位秘书在为领导写关于谈学习的讲话稿时，在谋篇布局之初，他思考了这样几个问题。第一，如何才能让学习成为一种自觉的活动？第二，关于学习，最重要的是要做到什么？第三，在学习过程中，最难的事情是什么？第四，关于学习，最重要的是要取得什么样的效果？围绕这四个问题，这位秘书反复思考推敲，最终确定了四个一级标题：学习贵在自觉、学习重在求是、学习难在坚持、学习功在转化。

为了让文章的内容更充实，这位秘书继续"层层剥笋"，由浅入深、由表及里，围绕以上四个一级标题分别确定了以下一些二级标题。

一、学习贵在自觉
学习是担当责任的需要
学习是提高修养的需要
学习是快乐生活的需要
二、学习重在求是
要加强对马克思列宁主义、毛泽东思想、邓小平理论、"三个代表"重

要思想和科学发展观的学习

要加强对习近平新时代中国特色社会主义思想的学习

要加强对现代管理和科学技术知识的学习

要加强对中国优秀传统文化的学习

三、学习难在坚持

要有挤劲

要有钻劲

要有韧劲

四、学习功在转化

要将知识转化为素质

要将素质转化为业绩

要将业绩转化为人民群众的满意度

经过一层层地"剥笋",文章上下层级的逻辑就严密了,文章的框架就形成了,也就有内容可写了。这样,秘书就能写出逻辑严密、言之有物、传情达意的领导讲话稿了。

四、取胜套路:虚实结合

对公文写作而言,"实"是骨架,"虚"是血肉。摆事实是实,讲道理是虚;讲措施、提要求是实,谈认识是虚。一篇公文,如果全篇都在讲道理,没有事实内容,则会显得空虚;如果全篇都在摆事实,没有提炼概括道理,则可能会显得缺乏思想和灵魂。虚实结合才能"血肉丰满",才能写出锦绣文章。

再以上面讲的谈学习的讲话稿为例,在写"学习功在转化"时,开头是这样写的。

王夫之说过:"所以要读书,为明理也;所以要明理,为做人也。做人是主,读书是宾。"(**虚**)领导干部担负着责任,学习的目的全在于运用和使用,在做人上要成为表率,在做事上要成为榜样。要通过不断学习和实践,

对理论知识加以总结、升华，将理论知识转化为服务群众的素质，转化为科学发展的业绩，转化为人民群众的满意度。（实）

再举一个例子。

"不谋全局者，不足以谋一域。"（虚）党委办公室的同志要"身在兵位、胸为帅谋"，主动承担沟通联络、综合协调、确保政令畅通的重责大任，为县委决策参谋服务，为政令畅通狠抓落实，为全县上下服务奉献。（实）

范文

贵在自觉　重在求是　难在坚持　功在转化

不注意学习，忙于事务，思想就容易庸俗化。如果说要变质，那么思想的庸俗化就是一个危险的起点。对于身处新时代的我们来说，不断加强学习、调整知识结构，无疑是一项十分重要的前提条件。

一、学习贵在自觉

作为领导干部，我们要非常重视学习，时常审视自己的学习状态，真正认识到学习的重要性，自觉把学习当作一种工作责任、一种精神追求、一种生活方式。通过学习，超越他人；通过学习，超越自我；通过学习，超越物质。

学习是担当责任的需要。当官贪不得，也混不起，为官一任，要担负起造福一方的责任。当今社会，知识时时更新，法治不断进步，群众的思想水平和文化层次越来越高，对领导的要求也越来越高。刀不磨会生锈，水不流会发臭，人不学会落后。知识老化，必然会导致思想僵化、能力退化。如果领导没有足够的见识，没有丰富的学识，没有过人的胆识，就谈不上"领"，就谈不上"导"。我们的领导干部不但要自觉加强学习，而且要带动广大干部群众共同学习，形成良好的学习风气，建设学习型政党、学习型社会，这是我们的责任所在。

学习是提高修养的需要。才能由学而得，道德由学而进，圣贤由学而成。学习可以使人增加知识，提升精神境界，增强认知能力，从而增强提高道德修养的自觉性。学习理论，可以察知圣洁的人格、浩然的正气、崇高的操守；学习历史，可以懂得过去，懂得世事的沧桑、社会的复杂、肩负的重任；学习法律，可以明白规矩的方圆、法典的严密、公正的可贵、廉洁的重要；学习科学，可以了解宇宙的浩瀚、天地的壮阔、探索的艰难；学习文艺，可以领略自然的美妙、生活的多彩、技艺的神奇。知书才能达礼，知书就会达礼。在通常情况下，一个人学习越刻苦，知识就越丰富，素质就会越高，也就越会注意道德的约束和规范。

学习是快乐生活的需要。学习是一个由不知到知，由知之不多到知之较多，由肤浅到深刻的发展过程。每一次学习，一定会有收获；每一次收获，一定会让人快乐。孔子说得好："学而时习之，不亦说乎。"书籍是生活的阳光，是智慧的翅膀。读书是思维的体操，是灵魂的洗礼，是快乐的飞翔。学习使我们充实，使我们进步，使我们健康，使我们完美，使我们快乐。学无涯，思无涯，其乐也无涯，我们的领导干部要学会欣赏学习、享受学习。欣赏学习，就是欣赏生活；享受学习，就是享受生活。一盏明灯，一杯清茶，一卷好书，灯光驱走黑暗，知识照亮心灵，长夜与孤寂静静流逝，理想与希望渐渐涌起，这是快乐；一次讲座启发一条建议，一条建议解决一道难题，盘活一个企业，惠及千万人民，这是莫大的快乐。

二、学习重在求是

王阳明说："君子之学，唯求其是。""求"是追求、探究。"是"，就是真，引申为真谛、规律、本质。"求是"即追求真理，探究自然、社会和人本身运动的奥秘、规律。我们党一向倡导实事求是的思想方法，在今天，做人、做学问、做事情更要经世致用、求真务实。读书好，所以要好读书，要读好书，用知识武装头脑、提升境界、完善人格。

要加强对马克思列宁主义、毛泽东思想、邓小平理论、"三个代表"重要思想和科学发展观的学习。这些是我们认识世界和改造世界的强大思想武器，是我们的共同信仰，是领导素质的核心和灵魂。我们要通过研读原著，从根本上懂得马克思列宁主义的真理性，从根本上把握马克思列宁主义的世界观和方法论，从根本上认识马克思列宁主义的发展进程，从根本上理解马克思列宁主义基本原理与创新理论的相互关系，进一步坚定理想信念，进一步坚定政治立场和党性原则，进一步做到在继承中坚持、在坚持中发展、在发展中创新。必须学习马克思主义哲学，尤其是辩证唯物主义，掌握科学的世界观和方法论，增强工作的原则性、系统性、预见性、创造性。有不少领导干部受过专业训练，不缺乏专业知识，但由于不懂哲学，不善于辩证思考、换位思考和比较思考，在工作中容易陷入被动。

要加强对习近平新时代中国特色社会主义思想的学习。习近平新时代中国特色社会主义思想是马克思主义中国化的最新成果，内涵丰富，思想深邃，博大精深，是一个系统完整的科学理论体系。我们必须按照读原著、学原文、悟原理的要求，做到持之以恒学、深入细致学、联系工作学，做到学贯用一致、知信行统一，切实做到用习近平新时代中国特色社会主义思想武装头脑、指导实践、推动工作。

要加强对现代管理和科学技术知识的学习。一方面，领导工作的综合性、系统性强，想做好就需要多方面的知识积累；另一方面，领导干部的成长进步是与岗位调整相结合的，一名优秀的领导干部往往经过了多领域、多层次、多岗位的锻炼。所以，领导干部不但要学习多方面的知识，包括经济、法律、文化、管理、国际和互联网等方面的知识；而且要坚持干什么就钻研什么、缺什么就补什么的原则，有针对性地学习并掌握做好领导工作、履行岗位职责必备的各种知识，多读与本职工作相关的新理论、新知识、新技能、新规则的书，努力使自己成为真正的行家里手、内行领导。我们尤其要学习现代社会管理、危机管理等方面的知识，不断提升领导管理能力，尤其是驾驭复杂局面、处理复杂问题的能力。

要加强对中国优秀传统文化的学习。中国优秀传统文化是中华文明演化、汇集而成的民族文化，蕴涵着做人做事和治国理政的大道理，其智慧光芒穿透历史，思想价值跨越时空，是我们共有的精神财富。学习优秀传统文化，我们可以增强对人与人、人与社会、人与自然关系的认识和把握能力，吸收前人在修身处事、治国理政等方面的智慧和经验，从而正确处理义与利、己与他、权与民、物质享乐与精神享受等重要关系，不断提升人文素养和精神境界。学习传统文化，特别要注意学习本地的优秀文化，注意从本地文化中汲取营养，获得熏陶，接受洗礼，在继承中创新，在传承中发展。

三、学习难在坚持

学习有特殊的规律，就像吃饭，一口吃不成胖子，必须一口一口地吃；就像登山，一步登不上峰顶，必须"咬定青山不放松"，一步一个脚印地向上走。"不积跬步，无以至千里；不积小流，无以成江海。"这种积累的过程，其实就是学习的过程，只有不断地积累，不停地学习，才能增长知识。古希腊哲学家苏格拉底对学生提了一个最简单的要求，就是让学生们每天做三百次甩手的动作，一年后，只有一个人坚持做到了，这个学生后来成了古希腊另一位哲学家，他就是柏拉图。可见，一个人即使是做再困难的事情，只要坚持，最后都会成功；而一个人即使是做再容易的事情，如果不坚持，最终也会失败。领导干部要加强学习，一个重要方面就在于要利用好时间，时时学习，事事学习，终身学习。

要有挤劲。鲁迅先生曾说："时间就像海绵里的水，只要愿意挤，总还是有的。"领导干部工作繁忙，空闲时间有限，但只要拿出一股挤劲，争取每天挤出一定的时间读书，特别是利用零碎的时间读书，就会有不少收获。老一辈革命家利用马上、枕上的工夫，见缝插针地学习文化知识、学习军事知识、学习科学知识，这些都是"有挤劲"的典范。时间能不能挤、挤不挤得出，关键就在于是不是有心、有"瘾"、有志。有心，就会念念不忘，千方百计地挤；有"瘾"，才会乐此不疲，见缝插针地挤；有志，才能持之以恒，坚持不懈地挤。

要有钻劲。科学技术日新月异，知识经济方兴未艾，学习就要有滴水穿石、锲而不舍的精神，来不得虚假，玩不得"作秀"，要如钉钉子入木三分，如掘井深到泉眼，切实学进去，切实学出成效，才是佳境。要心无旁骛，不能神不守舍；要知其然还要知其所以然，不能蜻蜓点水；要动脑子想问题细推敲，弄通弄懂，不能不求甚解，浅尝辄止。学习既要"博"，要博览群书、开阔视野，学时一大片，用时一条线，工作时才能游刃有余、从容不迫；又要"精"，要结合一定时期的形势和任务，精心挑选，抓住重点，去其糟粕，取其精华，求其高深；更要"深"，要深研细读，达到"心头书多，案头书少"的境界，书越读越薄，认识越来越深刻，钻得越透，领悟越深，收获就越大。

要有韧劲。要调整知识结构，完善知识体系。学习是一个动态的发展过程，稍一松懈，就会退步。要有一种勇气、一种毅力、一种追求、一种韧劲，要立长志，不常立志，坚持时时学，天天挤，月月钻，年年坚持。"腹有诗书气自华"，学习绝不是一日之功，而是长年累月的积累和积淀。如果是为了赶时髦，学习时只有三分钟热度，是迫于压力而一时应付，"三天打鱼，两天晒网"，热得快，也冷得快，学习不得要领，那是学不好，也是用不好的。有舍才有得，不失去别人所具有的，就很难获得别人所没有的。坚持学习的人，表面上失去了吃喝玩乐的机会，减少了应酬交际的时间；实际上获得了智慧，增长了才干，思想有了灵气，说话有了底气，行动有了朝气，工作不失锐气。

四、学习功在转化

王夫之说过："所以要读书，为明理也；所以要明理，为做人也。做人是主，读书是宾。"领导干部担负着责任，学习的目的全在于运用和转化，在做人上要成为表率，在做事上要成为榜样。要通过不断学习和实践，对理论知识加以总结、升华，将理论知识转化为服务群众的素质，转化为科学发展的业绩，转化为人民群众的满意度。这才是领导干部加强学习的根本出发点和最终落脚点。不考虑这些，加强学习就会失去动力与活力，就会形成"跑步机效应"，看起来"跑"得很快，实际上没有前进一步。

要将知识转化为素质。文学家描述脚印，理论家阐述脚印，实干家留下脚印。理论不经过实践检验，就不能转化为能力；知识不转化为能力，就没有力量。我们的领导干部应该做解决问题的实干家，既要坐而论道，更要起而实践；既要读前人和今人所著的"有字之书"，也要读社会实践这本"无字之书"。领导干部要坚持学用结合、学以致用，把学习与思考、运用、创新结合起来，把学习与解决人民群众最关心、最直接、最现实的利益问题、本地区本部门改革发展的重大问题、党的建设的突出问题结合起来，不断优化知识结构，提高综合素质，增强创新能力。

要将素质转化为业绩。不断满足人民日益增长的美好生活需要，靠的是发展；解决前进中的困难和问题，也要靠发展。作为领导干部，我们要把学习和工作紧密结合起来，认真研究经济社会发展所面临的突出问题和矛盾，进一步解放思想、创新工作、抢抓机遇、加快发展。要通过学习，进一步大力调整经济结构，不断扩大市域经济总量；进一步加大招商引资力度，不断提高新型工业化水平；进一步转变思想观念和发展思路，不断提高产业的档次和水平。要通过学习，深入研究地方经济社会发展中的一些长期性问题和深层次矛盾；提出解决诸如传统产业比重高、节能减排任务重、自主创新能力弱等突出问题的有效政策措施。面对问题，"玩太极""踢皮球"，是一种态度；主动站出来、敢于负责任，也是一种态度。两者的差别就在于领导干部是否"有心"，是否学到深处。有这样一则寓言，农田的中间多年来一直横放着一块巨石，它碰断了农夫好几把犁头，农夫因为看那块石头巨大，始终没有下决心把它搬走。一天，在石头将农夫的耕机弄坏后，农夫终于找来撬棍伸进巨石底下准备搬走它，却惊讶地发现，石头埋得并不深。的确，很多问题其实并非我们想象的那么难以解决。我们要用心学习，增长知识，锻炼才干，提升能力，用"保增长、保稳定、保民生"的实际成绩检验学习效果。

要将业绩转化为人民群众的满意度。老子说："圣人无常心，以百姓心为心。"我们要牢牢树立群众观点、宗旨意识、平等观念，把群众当主人、当亲人、当老师，把"群众满意"作为检验工作业绩的重要标准，把群众利益，尤其是那些相对弱势的群体的利益放到天平的中心位置，真正了解人民意愿，准确把握群众需求，下决心解决好人民群众的实际问题，为民干事，干实事、干好事、干成事。要认识到群众最可亲、最可敬、最可靠、最可畏。群众最可亲，我们就应当主动联系群众；群众最可敬，我们就应当自觉尊重群众；群众最可靠，我们就应当紧紧依靠群众；群众最可畏，我们就应当诚信服务群众。"政声人去后，民意闲谈中。"我们只有真正用心学习，知识才能转化为素质，素质才能转化为业绩，业绩才能转化为人民群众的满意度。

老笔头点评

　　这篇文章结构严密、层次分明、条理清晰，将公文写作的章法用到了极致，且各个观点之间上下勾连、一脉相承，各个层次之间逻辑严谨、环环相扣，内容上充实丰富、言之有物。整篇文章读来文采斐然、文字灵动、气脉畅通。

文章看落笔，讲话听开头
——领导脱稿讲话"开好头"的四种方式

▼

写多了领导的讲话材料，听多了领导的讲话，老笔头认为，即兴的讲话最能吸引人、打动人。哪怕领导只是停顿一下，喝一口水，再脱稿讲几句，做个简单的强调，这次讲话的效果也会好于预期。这就是领导脱稿讲话的优势。

俗话说："文章看落笔，讲话听开头。"领导脱稿讲话应如何开头？怎么吸引听众？开头决不能千篇一律，应该应时而变、应时而讲，讲究章法技巧。

一、主旨凸显式

主旨凸显式就是用精短干练的语言，把讲话的主旨意图凸显出来，让听众知道要讲什么内容，该内容是否与自己的工作有关，或者能不能让自己提起兴趣。这种干脆利落、开门见山的开头不会让听众感到啰唆，比较受听众喜欢。

举个例子。

在全县扎实开展"严师"工程，就是要通过严肃师德师风、严格教育管理、严整教学秩序，提高教师队伍的整体素质，提升教育的整体质量，全面推进"教育强县"战略，促进我县教育事业高质量发展。

这个开头开宗明义地道出了讲话的主旨，明确要在全县扎实开展"严师"工程，提升教育的整体质量，全面推进"教育强县"战略，做到了开门见山、有的放矢，让听众听得明明白白、清清楚楚，可引发听众的兴趣。

这种主旨凸显式的开头还可以在开始的时候列出一、二、三，直接把主旨讲出来。

再举个例子。

今天的会议，我主要讲三点意见：一是个人对党的十九大精神的一些认识和感受；二是关于学习宣传贯彻党的十九大精神的一些想法；三是就如何立足本职岗位贯彻党的十九大精神提几点要求。

这样一个开头，用极为朴实的语言表达了开会的目的，让听众对领导的讲话风格和讲话的内容有了全面的了解，可以让听众有选择地听下去。

二、情感吸引式

情感吸引式就是主打"感情牌"，用煽情的语言，结合当时的气氛，制造一个温情脉脉的氛围，特别是把自己的亲身感受和感情分享出来，充分调动听众的情绪，取得以情感人、先声夺人的效果。

举个例子。

今天我走进这个会议室，坐下来听了大家简短的发言后，就嗅到了一股淡淡的书香气息，这种气息很清爽、很舒服。我们需要沉下心来多读书，读好书。我们市委统战部开展"品味书香、同心同行"这样一个读书活动，我觉得很及时、很有必要。

听到这个开场白，听众会觉得耳目一新，这位领导是带着感情讲话的，话语带有温度，一下就拉近了领导与听众之间的距离。听众会被领导的真情实感打动，会认真地听领导继续讲下去。这样就产生了很好的效果。

三、互动点评式

互动点评式就是领导对会议的组织或者与会人员的发言进行点评，引起与会人员的兴趣。这种开头方式在座谈会上比较常见。

举个例子。

今天这个活动的开展，就是一个字——好！为什么说好？第一，选题好。这个主题很有意境，给人的感觉很舒服。大家在交流的过程中围绕这个主题越讲越有味，这个主题就像一杯茶一样，越品越浓。第二，组织好。这个活动历时一年，但这种做法不是走形式，而是大家认认真真学了、扎扎实实做了，所以我说这个活动组织得非常好。第三，效果好。这次活动的最大成效是实现了思想的交流。这种交流很重要，也很有必要。思想的交流不同于物质的交流：你有一个苹果，我有一个苹果，我们两个交换苹果之后，各自依然还是只有一个苹果；但如果是你有一种思想，我有一种思想，我们交流思想以后，彼此就拥有了两种思想。我相信大家和我的感受一样，通过畅谈体会，通过这种思想的碰撞、交流，收获很大。

再举个例子。

听了大家刚才的发言，我对大家的评价，用当下比较时髦的一个讲法，就是"高、大、上"。第一，"高"。首先，我认为大家的综合素质很高，讲得很好。其次，大家的讲话水平高，或激情澎湃，或娓娓道来。第二，"大"。首先，体现在坚定地维护大局，讲大局、讲服从、讲奉献。其次，我还从你们的讲话中感受到大家服务大众的一种"情"，大家始终坚持民本情怀，服务大众。第三，"上"。首先，是上进，大家对工作钻研得很深。其次，大家对这一次开展的活动很上心。今天，我与大家这个"高、大、上"的群体交流得非常愉快。

这种面向会议的组织情况或者与会人员的互动点评式讲话，能有效地调动组织者和与会人员的积极性，使会议的开展事半功倍。

四、推陈出新式

推陈出新式就是要讲出有新意的话，讲出有内涵、有深度的话。领导讲话听得多了，大家都有这样的体会：一些经典的话，即使在理，听多了也成了套话，成了重复啰唆的话，味同嚼蜡，让人觉得索然无味。要吸引听众，必须在创新上下功夫。

举个例子。

今天，我着重讲两个问题：一是"怎么看"的问题，就是大家怎么看待改革的问题；二是"怎么办"的问题，就是面对改革我们该怎么办、怎么干的问题。

前文介绍过，写作的思维套路一般是"2W1H"，即是什么、为什么、怎么做，但领导在脱稿讲话时也可以打破"无三不成文"的套路，只讲"怎么看""怎么办"，单刀直入，直面问题，从而提出解决问题的办法，干净利落。这算是一种创新，这种简单明了、干净利落的讲话风格是值得推崇的。

正所谓"好的开头是成功的一半"，领导脱稿讲话有了好的开始，整个讲话就更能吸引听众，就能为领导的整场讲话打下坚实的基础，就能取得引人入胜的效果，更能体现领导的水平。

打开天窗说亮话

——领导调研时即兴讲话的"三板斧"

▼

领导在调研座谈会上的即兴讲话，相当能体现领导的水平。因为很多工作在会上汇报，需要领导当场总结归纳；很多问题在会上提出，需要领导当场回应解决；很多工作思路在会上抛出，需要领导当场拍板定向。这个时候能充分体现领导的思维、思考和决断能力。所以，领导对这种场合的讲话比较重视，一般都会事先准备。在准备过程中，秘书的工作很关键，那么秘书准备的思路又是怎样的呢？

一、总结评价必须有

总结评价的方式有很多种，其中比较常见的是总结具体的工作，或者评价班子的特点，至于总结哪方面问题最合适、最恰当，视具体情况而定，这个单位给领导最深的印象是什么就总结评价什么。总结评价有以下几种套路。

一是用关键词进行总结评价。这是指用几个关键词对汇报的工作进行总结评价。举个例子，县委书记在公安局调研时，做了如下总结。

刚才听了汇报发言，我对公安工作有了较为全面的认识和了解。我感觉到，我们的公安工作做到了"好""准""公""优"四个字。第一是社会治安"好"。从刑事总发案、八类恶性案、命案、盗窃、抢劫、抢夺等几组数据看……从中不难发现，我们的社会治安"好"，社会大局和谐稳定。第二是打击处理"准"。坚持打黑除恶，做到了……一系列重点、难点、热点问题有效调处。第三是规范执法"公"。广大公安干警坚持严格、公正、文明、理性执法……做到了公开、公平、公正、透明。第四是队伍建设"优"。全县公安战线广大干警积极担当，冲锋在前，体现了广大干警的优良作风……

二是用短语进行总结评价。这是指用比较常用的短语对汇报的工作进行总结性的评价。举个例子，在人民法院调研时，县委书记这样说。

人民法院的领导班子谋划得早、想得很细，思路清晰，目标明确，措施具体，给我的感觉很好。这个好体现在三个方面。一是思路清。法院工作牢牢抓住了司法为民、公正司法这一主线……二是工作实。工作安排部署具体细致，突出了工作重点，比如……很客观实在。三是状态好。尽管事多人少，工作任务繁重，但大家的精神面貌好……

三是用相同的字词或句式进行总结评价。这是指每句话里有相同的字词或者几句话使用相同的句式。举个例子，在司法局调研的时候，县委书记这样总结。

这是一个团结务实的班子……这是一个干事创业的集体……这是一个出经验的地方。

再举个例子，在人民检察院调研时，县委书记这样总结。

一是服务大局有作为。二是反腐倡廉有力度。三是从严治检有动作。

二、问题必须回应

调研就是来发现问题、解决问题的，领导一定要对会上提出的问题进行回应，一切不以解决问题为目的的调研都是形式主义，一切不回应问题的调研都是假调研。所以领导必须正面回应问题，但是会不会遇到回答不了的问题呢？一般不会。懂得规矩的单位，一般事前会主动与领导沟通汇报，说明己方希望解决什么样的问题，请求领导给予什么样的支持。这些事项事先会沟通到位，或者至少让领导心中有数。碰上不懂规矩的单位，领导秘书会主动联系单位负责人，提前看看汇报材料，提前了解情况，特别是了解存在的问题和请求支持解决的事项。举个例子，县委书记在人民检察院调研时，是这样回应问题的。

刚才我听了大家的发言，大家谈到了一些实际存在的问题，比如队伍建设的问题，主要存在管理失之于宽、办案力量不足、上升和交流渠道不畅、业务素质和规范化水平不能适应新形势下的检察工作等问题；再比如，群众对检察院的满意度不高、法律监督力度有待加强、办案保障不够等问题。还有一系列问题，这些问题都是确确实实存在的，是客观实在的。

这位县委书记首先对提出的问题进行了一次总结梳理，让问题变得一目了然，接着，他做出了这样的回应。

针对大家指出的这些问题或隐而未发的意见，我想讲四句话。

第一，不怕没地位，只怕没作为。（**这里讲干部想要得到提拔、想要有地位的问题，这位书记的态度很鲜明，就是要以作为换取地位，这是对他们提出的问题的回应。**）服务赢得尊重，发展赢得尊严。大家要想有地位，要想组织重用、得到提拔，首先必须有所作为。这个作为应体现在政治上的坚定、工作上的担当、业务上的精通、作风上的过硬、纪律上的严明等方面。比如，要在防控风险、服务发展上更有担当，在查办贪腐、加强预防上更有力度，在强化监督、维护公正上更有作为，在从严治检、正风肃纪上更加坚决，做到有所为有所不为，以作为赢得地位。（**这里对具体问题表明了自己的态度和要求。**）

第二，不怕没口碑，只怕没方法。（**这是对人民群众满意度不高的问题的回应，态度是很坚决的。**）大家都做了大量的工作，但很难得到群众的认可，群众的满意度始终不高，究其原因是我们的方法不对、办法不多、宣传不够。大家要创新方法，运用微信等新媒体宣传检察院的工作。我们是否可以更具创意、更加直观、更加直接地运用新媒体、新手段、新方法宣传检察院的工作，让检察院的工作家喻户晓，让老百姓竖起大拇指直夸好？这也是能力和水平的体现。希望大家大胆创新，争取取得令群众满意的效果。（**这段讲了县委书记对如何创新方法提高人民群众满意度的一些想法，为检察院的同志们开展工作指明了方向。**）

第三，不怕没力度，只怕没本事。大家讲法律监督力度不够，那就加大力度；说侦查技术装备落后，我觉得该买就买，但买回来用不好就是自己没本事了，一定要该买就买、该学就学，实现硬件和软件"双提升"，用最新的侦查装备实现检察工作的新进步。（**这里对提出的问题给出了解决方法，同时也提出要求，不能只有支持没有要求。**）

第四，不怕没保障，只怕没政策。（**这句话体现了县委书记的行事风格，有态度、有担当、有智慧。**）大家办案非常辛苦，普遍存在超负荷工作的情况。大家提出要加大办案保障的诉求是可以理解的，我也是支持的，但有一个前提，一切都必须以政策为依据。大家可以找找政策，可以找找角度：只要是政策允许的，只要是有角度的，要坚决发放到位；但政策不允许的，那就坚决不能发放——这是原则。（**经费问题很敏感，这样的回答既态度鲜明，表示坚决支持，又体现智慧，表示必须严格按政策行事。**）

从这位县委书记的即兴讲话中，我们不难发现，这种回应问题的讲话，采用的是"态度＋建议做法"的思路。领导回应问题就应该这样，有态度、有做法。

三、建议必须可行

领导调研还必须提出工作建议或工作要求，就是要谈一谈今后怎么做、下一步怎么干。这个很重要，最关键的是不能讲外行话，让别人觉得领导不懂业务，所以前期准备尤为重要。

在这里，还是以这位县委书记对公检法司的下一步工作要求的思路框架为例。

在公安局调研时的讲话提纲

下面，我就全县的公安工作讲五句话。

第一句话：公安事业是人民的事业，务必强化思想认识。

一是要讲政治。

二是要重担当。

三是要强意识。

第二句话：社会稳定是人民的期盼，务必强化责任落实。

一是要增强忧患意识。

二是要强化工作措施。

三是要落实工作责任。

第三句话：安居乐业是人民的追求，务必强化力度保障。

一是要加大打击力度，做到"有黑必打"。

二是要加大整治力度，做到"有乱必治"。

三是要加大防控力度，做到"有险必防"。

第四句话：公安队伍是人民的卫士，务必强化队伍建设。

一是要坚持公正执法。

二是要坚持服务为民。

三是要坚持从严治警。

第五句话：公安民警是人民的公仆，务必强化保障措施。

一是工作经费要保障。

二是依法行政要支持。

三是从优待警要加强。

在人民检察院调研时的讲话提纲

第一，要在服务大局中突出防控风险。

第二，要在查办贪腐中加大预防力度。

第三，要在深化公开中纵深推进改革。

第四，要在从严治检中树立良好形象。

在人民法院调研时的讲话提纲

一、坚决在维护稳定上主动作为

一是要强化民事调解职能。

二是要依法惩治刑事犯罪。

三是要谨慎对待敏感案件。

二、努力在加快发展上积极作为

一是要营造公平公正的发展环境。

二是要维护规范有序的市场秩序。

三是要打造便民利民的服务品牌。

三、重点在依法行政上敢于作为

一是要严格依法公正办理行政案件。

二是要充分发挥司法建议职能。

三是要加强与行政机关的沟通联系。

四、坚持在自身建设上善于作为

一要加强班子建设。

二要加强队伍建设。

三要加强廉政建设。

四要加强基础建设。

在司法局调研时的讲话提纲

第一，要用好人民调解这把钥匙，化解矛盾纠纷。
第二，要唱好普法宣传这出大戏，建设法治社会。
第三，要把好法律服务这一重心，提升社会形象。
第四，要抓好司法队伍这个关键，打造"正义之师"。

从这四个提纲中我们可以发现，领导的讲话紧扣各个单位的主责主业，基本上没有讲外行话，这一点很关键。另外，有的讲得比较细，比如在公安局和人民法院的讲话；有的讲得比较粗，比如在人民检察院和司法局的讲话，这是就对工作的熟悉程度而言的，熟悉的工作讲细一点，不熟悉的工作讲粗一点，这都无可厚非，只要不讲外行话就好。

范文

在人民检察院调研时的讲话

同志们：

今天我到县人民检察院来主要有两层意思：一是看望大家，二是调研工作。刚才听了大家的汇报发言，我对检察院的工作有了较为全面的了解和认识。我感觉到，检察院的工作有这么几个特点。一是服务大局有作为。检察工作首要的是要坚持党的领导，服务大局，为全县经济社会健康发展提供坚实的法律监督保障。去年以来，我县检察机关深入开展了依法处理"涉众型经济犯罪"、优化经济发展环境监督等专项行动，集中查办了一批强揽工程、非法阻工、非法集资、金融诈骗等事关地方经济发展大局的案件，有力地维护了大局和谐稳定。二是反腐倡廉有力度。坚持惩防并举，一方面，做到了坚持"老虎""苍蝇"一起打，特别是加大了对群众身边的腐败犯罪，尤其是"小官大贪"的查处力度，无论是办案的数量还是办案的质量，同比都有所上升；另一方面，加大了倡廉的力度，举办了微电影创作大赛，创作了一批很有典型性的反腐倡廉作品，令人警醒。三是从严治检有动作。这个"严"既体现在队伍的教育、管理和监督上，又体现在干部的基础素质能力提升上。今年是检察院"痛定思痛"的一年，为此，检察院狠抓了纪律作风整顿和规范整章建制，取得了很好的效果，广大干部心齐气顺，队伍面貌焕然一新；与此同时，还加强了干部队伍的基础素质能力培训，开展了一系列活动，涌现出了检察官老付等一批业务能手，为检察院的发展注入了强大动力。

刚才我听了大家的发言，大家谈到了一些实际存在的问题（略）。针对大家指出的这些问题或隐而未发的意见，我想讲四句话。

第一，不怕没地位，只怕没作为。（略）

第二，不怕没口碑，只怕没方法。（略）

第三，不怕没力度，只怕没本事。（略）

第四，不怕没保障，只怕没政策。（略）

检察院今年的工作安排，可以说是思路清晰、全面具体、重点突出，我很赞同，请大家认真贯彻，抓好落实。在此，我强调几点要求。

第一，要在服务大局中突出防控风险。围绕中心、服务大局是检察机关的职责所在。县委提出开展的"三攻坚两提升年"活动，就是今年工作的中心和大局，检察院一定要进一步增强大局意识、服务意识，深入开展重点工程项目专项预防、优化经济发展环境专项活动，特别是要防控经济领域的风险，继续开展打击破坏经济秩序、金融秩序等各类犯罪，严厉打击各类破坏市场经济秩序犯罪，平等保护公有制企业和非公有制企业的合法权益，维护公平竞争、诚信透明的市场秩序。要防控影响社会稳定的风险,参与打击黑恶势力犯罪、打击电信网络新型违法犯罪等多个专项活动;健全矛盾纠纷多元化解机制,可以考虑探索"两代表一委员"参与机制,可以考虑邀请律师参与、代理涉法涉诉信访案件,推动平安建设。

第二,要在查办贪腐中加大预防力度。我上次到中医院时发现,有个治未病的科室,良医治未病于无形。同理,对于检察院的反腐倡廉来说,反腐只是一种手段,倡廉才是目的。所以,我们必须坚持惩防并举、反腐倡廉齐抓。要坚持守土有责、守土尽责,做到有腐必反、有贪必肃。要注重线索经营,突出查办重点,保持自办大要案的良好态势,确保办案力度不减、规模不降、效果更好。要注重科技反腐、法治反腐,提高科技应用水平,加强信息联网工作,努力实现"由证到供"的转变;严格执行各项禁令和办案制度,确保办案安全。要进一步加强和改进预防工作,树立精准预防意识,创新预防方式,要将推动预防腐败工作纳入党委和人民政府的年度目标考核。

第三,要在深化公开中纵深推进改革。要树立自觉接受外界监督的意识,要在推进司法便民、提高执法公信上积极尝试,要加大案件信息公开力度,要落实和完善与人大代表、政协委员的常态化沟通机制,要驰而不息地深化检务公开。要准确领会和深入研究司法改革的有关项目,全面把握改革内容,打好"提前量";要做好改革落地的"配套动作",使思想政治工作贯穿改革的各个环节;要加强与县委、县人大的沟通协调,加强干部培养等。

第四,要在从严治检中树立良好形象。要落实"两个责任",履行"一岗双责",强化内部监督制约,严格落实办案责任,形成层层传导压力、级级挑起担子的局面。要强化思想教育,组织开展好学习教育活动,提高司法改革背景下思想政治工作的针对性;要强化素质能力提升,多途径加强教育培训工作;要强化班子建设,发挥"关键少数"的示范引领作用,加强对干警的人文关怀和心理疏导;要强化基层基础,将"抓学习、立规矩、严执行、强素能、保廉洁"贯穿于队伍建设和执法办案的始终,在维护全县经济社会和谐稳定中树立检察队伍的良好形象。

老笔头点评

这篇县委书记的讲话符合调研讲话的基本套路，先对大家的工作进行总结肯定，然后对大家提出的问题进行回应，最后对大家的工作提出要求；最为精彩的是问题回应部分，该部分内容体现了领导的智慧、水平和担当，值得我们体会揣摩、学习借鉴。

传递好声音

——写出耳目一新好公文的"四句话"

▼

在公文写作中，秘书不仅要谋篇布局，搭好文章的四梁八柱，还要讲究辞章，尽量把词用准、用好、用巧，通过对语言的加工锤炼，增强文字的表达效果，让公文"发出"令人耳目一新的"好声音"。

一、讲新话，好听

所谓"新话"，就是思想深刻、富有新意的话。康有为先生有句名言："夫物新则壮，旧则老；新则鲜，旧则腐；新则活，旧则板；新则通，旧则滞。"这就启发我们，公文不能总是板着"老面孔"，习惯"老调子"，令人感到枯燥无味，味同嚼蜡；要学会推陈出新，善于用新的视角、新的方式，把老话讲新，把道理讲明，让人觉得有新意、感兴趣、受启发。

以一位市长就职讲话中的一段为例。

民意是风，是群众喜怒哀乐和酸甜苦辣的晴雨表，我们应及时接收民意传来的信息；民意是雨，是我们干事创业的清洁剂，我们应敞开心扉接受民意的冲刷泽被；民意是雷，是我们审视自己的警醒剂，我们应牢记民意的警示，深谋远虑；民意是电，是我们汲取能量和智慧的动力源，我们应珍惜民意的能量，全速前行。

这段话以独特的视角，把民意比作自然界常见的风、雨、雷、电四种现象，生动地阐述了"洞悉民意冷暖"的执政理念，让人感觉眼前一亮、新风扑面。

再举个例子，以下为一位领导干部在大学毕业典礼上讲话中最亮眼的一句。

> 手机：手握的是良机，还是危机？

而后，这篇讲话一改传统领导讲话的套路，从与学生们生活联系紧密的手机切入，通过大量翔实的数据和鲜活的事例，说明了"如果用好手机，使之成为工作学习的工具，那么手握的就是成长的良机；但如果一味沉溺于手机，手握的就可能是人生的'危机'"的道理，让人听后既感到新颖别致，又深受启迪。

二、讲短话，好记

"文到高处，言少而意多。"古今中外，流传下来的经典之作，大多是短小精悍、文笔隽永的文章。

现实中经常看到一些从事公文写作的同志，在行文过程存在"米不够水来凑"的现象，这样的公文有数量无质量，有长度无深度，对工作毫无助益，对思想毫无触动，写的人遭罪，听的人受累。其实，从根本上来说，这是一种偷懒取巧和不负责任的行为。

党的历史上，有很多经典的句子，这些句子主题明确、简明扼要，讲问题一针见血，提意见切实可行，给人以醍醐灌顶、豁然开朗之感。

举例如下。

> "发展才是硬道理。"
> "不管黑猫白猫，捉住老鼠就是好猫。"
> "摸着石头过河。"
> "两手抓，两手都要硬。"

这些简短有力的话语，蕴含着深刻的道理。

因此，在公文写作中，秘书应牢记"文章不要过长，越长看的人可能越少"的道理，明白"文章写得短、写得精才叫水平"的定理，多读、勤写、常积累，练好内功，扎好马步，尽量把话说短、说精练，切忌穿靴戴帽、架床叠被，力求言简意赅、简明扼要，尽量用最短的篇幅、最少的话语把事情交代清楚，让人听得进、记得住。

三、讲白话，好懂

"大白话"，即群众语言。大白话平铺直叙，不绕弯子，具有平民化、生活化、本土化的特点。林语堂先生说："凡是学者文章艰深难识，大半在搬弄名词，引经据典，深入而未能浅出，只掉书袋而已。此乃学问有余而识不足之故。见道明，事理达，得天地之纯，自然可以说出浅显易明的道理来。"现实中，一些文件材料或领导讲话习惯于故作高深，或照本宣科、枯燥乏味，生动活泼不足；或空洞无物，令人生厌，官话套话连篇，让人感觉如坠云雾、似懂非懂。

把话说得通俗易懂、深入浅出，依理说事、就事明理，让人一听就明白，这样的大白话才会有吸引力、感染力和号召力。

举例如下。

"国家好，民族好，大家才会好。"——阐明个人与国家和民族的关系。
"块头大不等于强，体重大不等于壮。"——比喻提高经济发展质量的重要性。
"缺钙""软骨病"——比喻理想信念的缺失。
"玻璃门""弹簧门"——形容体制的障碍。
"墙头草""推拉门"——描述"好人主义"。

这些口语化的用词和表达，与大众话语体系无缝对接、高度吻合，远比那些经过"打磨""雕琢"后对仗排比、合辙押韵的套话生动活泼，更具生活气息，令人感到亲切自然。

这就启示我们，在公文的写作中，应改变刻意追求四六骈句、对仗工整的文风，多讲接地气的话，讲带"泥土味"的话，学会把"文言文"讲成"白话文"，把"大道理"讲成"小故事"，以"源头活水"换得"清渠如许"。

四、讲实话，好用

俗话说，敲鼓要敲在点子上。公文代表了领导机关或领导集体的声音和意见，是面向大众实施组织领导和处理公务的工具。公文的这种本质属性，赋予了其"合于时而发，合于事而做"的特点。公文不能含糊不清、模棱两可，必须清楚明白、通畅晓达，赞成或反对什么、提倡或禁止什么、肯定或否定什么，都要清清楚楚、明明白白，使人易于理解、便于执行。

所以，公文写作应守牢"实"字这个生命线，抓住"用"这个关键点，跳出重形式轻实效、重辞章轻实用、重雕琢轻实际的误区，做到言之有物，切忌寻章摘句、堆砌辞藻。只有这样，才能摆脱"为写文章而写文章"的窠臼，写出有情况、有分析、有深度、有味道的公文。

人事有代谢，往来成古今

——领导离任要讲好"四句话"

▼

离任讲话是领导离别的"谢幕词"，如何将它写得精彩绝伦，讲得感人至深，也是一门学问。一般来说，一篇结构完整的离任讲话稿应该蕴含"服从""回顾""感谢""致歉""支持""祝愿"等几层意思，但是也不尽然，有些领导风格不同，有时候情况境地不同，有些内容会省略，但是有"四句话"是必说的。

一、说功成不居的"谦虚话"

"春种一粒粟，秋收万颗子。"如果把就职讲话比作春天绽放的美丽花蕾，那么离任讲话应该就是秋天结出的累累硕果。就职时立下的声声誓言，离任时就得一一兑现。但在离别的讲话稿中，领导应保持"功成不必在我，建功必须有我"的姿态。

举个例子。

所有的这些，都深深地感染了我，教育了我，考验了我，锻炼了我。大家赋予了我科学决策的智慧，给予了我战胜困难的勇气，让我有使不完的干劲、累不垮的精神、干不厌的工作！大家像亲人一样理解我、包容我、支持我、帮助我，我们成了坦诚相处的同志、和谐相处的朋友。我忘不了在这片热土上与大家并肩战斗的日日夜夜，忘不了大家的关心和支持，忘不了大家的深情和厚爱！

再举个例子。

这些成绩的取得，离不开省委、省政府的正确领导，离不开历届市委、市政府班子打下的良好基础，离不开四套班子全体成员的共同努力，离不开广大干部的共同奋斗，离不开广大离退休老领导、老干部的共同帮助，离不开在京、在省、在外的老乡的共同支持，离不开社会各界人士的共同创造。

"满招损，谦受益。"离别的时候保持谦虚的姿态是很有必要的，毕竟"政声人去后，民意闲谈中"，政绩名声不是自己说出来的，而是老百姓给的，自己夸自己只能是"王婆卖瓜，自卖自夸"。而且，这样既可以避免与讲工作的内容重复，又能彰显领导的谦虚谨慎和宽广胸怀。

二、说深表歉意的"道歉话"

为官一任，要想造福一方，必须动真碰硬，有时候，领导会因为过于注重某方面而忽略其他方面。所谓："人非圣贤，孰能无过？"所以，到了离别的时候，领导一般会说上几句深表歉意的话，这样做反而能赢得更多的尊重和谅解。

举个例子。

每每想到这些，我的心里就十分不安、十分内疚。虽然过去的一切不能重来，岁月的脚步不能停留，但我们可以反思过失、吸取教训，以利于把今后的工作做得更好。今天也借此机会，就两年来因我个人主观原因，留给地方的遗憾和留给同志们的遗憾，向大家表示深深的歉意！

再举个例子。

四年来，我虽然做了一些自己职责所系、力所能及的工作，但与中央和省委、省政府的要求相比，与全市各族人民的期盼相比，还有不小的差距。受各种因素和条件的制约，更受自身能力和水平、智慧和胆识的局限，尽管本人在主观上做出了很大的努力，仍然有一些想去做、该去做的工作没有去做，也有一些工作正在推进过程中，还有一些工作做得不够完美、不尽如人意，留下了一些不足和遗憾。我时常觉得，如果自己在学习上再刻苦一些，或许决策水平和工作质量会更高一些；如果自己在工作中能更深入一些、接触群众更广泛一些，或许考虑问题会更全面一些；如果自己的性格再温和一些、领导艺术再讲究一些，或许就不会因工作要求严格、批评人较多而伤害少数同志的感情，造成个别同志的误解。虽然过去不能假设，时光也不能倒流，我们却可以从过去的工作中得到启示和借鉴，得到激励和鞭策，以便把今后的工作做得更好。今天，我也借此机会，对因我个人主观原因，留给地方的遗憾和带给同志们的不愉快，向大家表示深深的歉意！

道歉的话说到这个程度时，个别人即使对领导有再多的怨恨、再大的隔阂，与之有再多的分歧，也会为这种坦承自己错误的精神和态度动容，而一笑泯恩仇。

三、说饮水思源的"感谢话"

俗话说："人非草木，孰能无情？"无论是谁，在一个地方、一个岗位待上几年，总会对一些人和事有几分不舍之情，总会有一些人和事需要感恩和感谢。

举个例子。

令我感恩的是，一棵大树的成长，需要土壤、阳光和雨露的不断滋养；一个人的成长也离不开组织、人民和同事的精心呵护。两年多来，我衷心感谢区委、区人大、区政府、区政协四套班子的肝胆相照与相助；感谢各镇（街道）、区直各单位，包括驻区单位同志们的全力奉献与打拼；感谢离退休老同志给予的适时"把脉"与点拨；感谢全区广大党员干部群众一直鼓励我的"长处"、体谅我的"难处"、包容我的"短处"，给予我攻坚克难的信心、勇气和智慧，这一切令我为之动容，受益终身！

再举个例子。

感谢各区县、各部门的同志，市委、市政府把压力传导给你们，同志们攻坚克难，保证了市委部署的落实；感谢各位老领导、老同志对我们的理解支持，老领导和老同志们都尽其所能凝聚正能量；感谢驻地部队、武警部队，广大官兵担负急难险重任务、冲在第一线，为全县的大局稳定和大事难事保驾护航。在此，我向同志们表示崇高的敬意和诚挚的感谢！

"感人心者，莫先乎情，莫始乎言，莫切乎声，莫深乎义。"寥寥数语，却字字句句饱含真情，特别是配合离别的场景，融情于景，怎能不使人动容呢？离别时，领导的讲话越是深情越能打动人心。

四、说怀德致远的"祝福话"

一般来说，一次完整的干部人事异动，有人调离，就有人上任。干部大会上，有人话离别，也就有人话上任，去职的落寞难敌上任的热情。离别是伤感的，但作为离任领导，祝福的话却是离别讲话中不可或缺的。

举个例子。

在即将与朝夕相处、携手奋斗的战友们分别之际，我想说的话还有很多很多。千言万语汇聚成两个词：一个是感谢，另一个是祝福。感谢同志们长期以来的关心和支持！祝福××人民更加幸福安康，××的明天更加美好！

再举个例子。

人事有代谢，往来成古今。这一次组织决定由××同志主持××市委的工作，我相信这位同志一定会比我做得更好，一定能够继往开来，不断谱写××新的篇章，再创××新的辉煌。我也真诚地希望大家紧紧团结在以××同志为班长的市委周围，和××、××、××、××同志一起，凝心聚力、同舟共济，为实现××又好又快的发展而团结一致、共同努力。

既然离别在所难免，就让我们真诚祝福。毕竟，离职领导的祝福，不仅仅是寄予希望，更能体现其胸怀和境界。

总而言之，领导离任讲话的方法很多，比如虚实相济、详略有致，比如褒贬得体、分寸有度，等等。但这"四句话"必不可少，这"四句话"说好了，就能事半功倍、打动人心，就能取得令人满意的效果，就能赢得经久不息的掌声。

范文

××× 离任长沙市委书记时的讲话

长沙，是我永远眷念的故乡。长沙于我，我于长沙，已结缘将近四十年。我在这里学习，在这里工作，在这里生活；喝的是长沙水，吃的是长沙菜，听的是长沙话，早已是地地道道的长沙人。无论走到哪里，我都会一如既往地关注长沙、支持长沙、服务长沙。

此时此刻，我想起了艾青的诗："为什么我的眼里常含泪水，因为我对这片土地爱得深沉。"长沙的一山一水、一砖一瓦、一草一木于我，熟悉而亲切。我能够在长沙主政四年，为这座英雄的城市服务四年，在一千五百多个日日夜夜里与同志们一起打拼，是我人生之大幸。

就在半个月前，长沙经历了刷新历史纪录的历时最长、范围最广、雨量最多、强度最大的强降雨，各级指挥员连日奔波在抗洪一线，深夜赶赴群众转移现场，通宵值守防汛指挥部督战调度，和广大干部群众并肩奋斗、鏖战洪魔，这成为这个夏天不可磨灭的英雄记忆。

"风雨过后见彩虹！"这几天，我驱车往来于一江两岸，目睹巍然挺立的岳麓山，目送奔腾不息的湘江水，目遇日益清新秀美、已具大都市风范的长沙城，目见悠然自得、开心漫步的广大市民，我的心中满是眷念。

我曾苦过、累过、焦虑过，也曾笑过、喜过、振奋过。离别长沙之际，四年来的点点滴滴就像放映电影一样，在我的脑海中一一浮现，仿佛就在昨天，我深感不易、深感不凡、深感不舍。一切尽在不言中，我会永远记得大家的好。

有一种感慨叫不易。四年来，长沙经历了产业模式转型带来的冲击，以坚韧的定力谋划"多点支撑"产业格局的艰难转身；长沙经历了向脏乱差宣战的史上最严城管，以钉钉子的精神还市民干净整洁的城市环境；长沙经历了拿下两千多万平方米违法建筑这个"烫手山芋"的攻坚，以啃硬骨头的决心割除城市毒瘤；长沙还经历了抗击超历史水位特大洪水的伟大斗争，众志成城以血肉之躯筑起保卫长沙、保护长沙人民的铜墙铁壁。

有一种见证叫不凡。四年来，长沙的战略地位提升了，综合实力明显增强了，城市风貌更新更美了，民生福祉进一步改善了，长沙开启了创建国家中心城市、实现基本现代化的新征程。全市上下见证了全国自主创新示范区、湘江新区、临空经济示范区等战略平台的获批，见证了长沙经济总量上升至全国省会城市第六位的成就，见证了六大千亿产业集群的崛起，见证了地铁、城铁、磁悬浮列车、快速路、"三馆一厅"、国际会展中心等标志性重大工程的建成，见证了"宜居宜业、精致精美、人见人爱"的品质长沙的到来。

有一种追忆叫不舍。四年来，全市广大干部群众收获了太多的感动、太多的美好、太多难忘的记忆。党中央和省委、省政府的坚强领导令人振奋、催人奋进；在市委的带领下，四套班子精诚团结，和广大干部群众携手奋斗，在发展的道路上有着无穷的信心和勇气。长沙干部奋发进取的精气神给了我激情和力量，长沙人民的勤劳、勇敢、善良、包容给了我鼓舞和鞭策，很多老领导、老同志对我的理解、支持与帮助，也让我深受感动。

昨天，所有的荣誉都成为美好的回忆；今天，所有的情谊都必将深藏于心底。我真诚地向长沙这座伟大的城市表达敬意。四年多来，我深度领略了长沙厚重的文化底蕴、不屈的城市精神和热情包容的独特气韵，为之折服，为之感佩，为之自豪。长沙这块热土滋养了我、鞭策了我、成就了我，它带给我的收获足以让我受用终生，我发自内心地向这座伟大的城市致敬。

我真诚地向长沙的广大党员干部表达敬意。长沙的党员干部有担当、有干劲、有能力，有强大的精气神，是一支想为、敢为、勤为、善为的好队伍，不愧是长沙发展进步的脊梁。我有幸与大家共事四年，与大家成为契合的同志、同事和朋友，这份情谊我将铭记于心。

我真诚地向长沙人民表达敬意。一方水土养一方人。长沙人民有情有义、敢作敢为、热情奔放、胸怀坦荡，吃得苦，他们不仅以自己的汗水浇灌着这块土地，还在需要的时候舍小家、顾大家，凝聚成万众一心、众志成城的合力。四年来与长沙人民同呼吸、共命运，我深受感染、深受教育，这将成为我一生中珍贵的乡愁和乡情。

20××年×月×日，我曾引用明代河南信阳知州胡守安的《任满谒城隍》一诗来表达态度——"一官到此几经春，不愧苍天不负民。神道有灵应识我，去时还似来时清。"原诗的最后一句是"去时还似来时贫"，我将其中的"贫"字改成了"清"字，这是清白、清醒、清廉为官的一种自勉。

受各种因素和条件的制约，更受自身能力和水平的局限，仍然有一些想去做、该去做的工作没有来得及做，也有一些工作正在推进过程中，还有一些工作做得不够到位，留下了一些不足和遗憾。四年来，我一直在全力以赴兑现"去时还似来时清"的承诺。

今天，我将离开生我养我的潇湘大地，奔赴新的工作岗位。我难以忘怀——长沙的山、长沙的水、长沙的干部、长沙的人民。无论走到哪里，我都会一如既往地关注长沙、支持长沙、服务长沙。

祝福长沙的明天更加美好！

老笔头点评

离任讲话稿是所有讲话材料中最容易让人感动的材料。为何感动？因为真情流露、情真意切。这篇讲话稿就是领导离任讲话稿中比较经典的例子，从追忆到感谢再到祝福，自始至终突出一个"情"字，正所谓："意到浓时怎忍舍，情到深处无怨尤。"

处处留心皆学问

——领导讲话要留心这"四个注意"

▼

从事公文写作工作，是一个慢慢积累的过程。领导讲话稿是所有材料中比较难写的一类，因为讲话稿需要直接表达领导的思想，让听众在短时间内记准、记牢，并在很长时间内加以贯彻落实。如果想要写好一篇讲话稿，老笔头觉得应从以下"四个注意"着手。

一、注意谁来讲

秘书起草的领导讲话稿一定要与领导的要求保持高度一致，总的来说要分三步走。

第一步要征求领导的意见。把领导的思想原原本本地全部展现在讲话稿中是基本要求，少了这一点，就算全文亮点再多也于事无补。如果秘书能做到拿着自己的思路、想法与领导沟通，往往也能够起到好的作用，这可以让领导从多角度把握。

第二步要分清讲话领导的级别。看看此次会议、活动出席的领导有哪些，谁要讲话，谁要致辞，起草讲话稿时要把握好切入的角度。讲话稿切忌喧宾夺主：分管领导要讲具体、讲做法、讲步骤，主要领导要讲全面、讲思路、讲方向；分管领导不能把主要领导的要求先讲出来，主要领导也不能把分管领导要安排的具体工作全部讲细、讲透。

第三步要熟悉领导的风格和经历。对于领导的语言风格，秘书在平时应注意倾听其讲话并积累相关知识，了解领导喜欢引经据典还是单刀直入，喜欢用排比还是用比喻，喜欢用长句还是短句，在讲话稿中要注意选择运用。如果能将领导的经历放到讲话稿中，这可以形成一个亮点。举个例子，如果领导出身农村，一步一个脚印从基层干起，在面向农村、农民讲话时，就可以加入这样一句话。

我也是农民的儿子，带领广大农民增收致富是我肩上的重任。

比如，领导有防汛现场指挥的经历，在安全生产、森林防火、防汛抗旱等类似的讲话中就可以注意利用。这可以充分反映出秘书的认真，也能让领导讲话更落地、更有针对性。

二、注意谁来听

一篇好的讲话稿，标题是否对仗、辞藻是否华丽都不重要，关键是它能表明领导了解听众的情况，能让听众把讲话的核心要义入耳、入脑、入心，这样的讲话稿才真正起到了作用。

比如，领导到村级组织阵地讲话，听众大部分是农民，这时所用的讲话稿就要避免用各种术语，而要用类似于"撸起袖子加油干"之类"接地气"的语言，更要举例子，最好举本村或者周边的例子，用大白话传达理论，用具体事例传达方法，才能让农民朋友明白要怎么干。

再比如，在召开领导干部大会时所用的讲话稿，就不能把部门的工作从头到尾说一遍，导致讲话站位过低或没有重点。以十九大精神学习贯彻会议为例，秘书要针对参加会议的不同部门起草讲话稿，参加会议的如果是党委部门，就要从全面从严治党方面下手；但如果今天面对的是组织部门，就要侧重于组织纪律；如果明天面对的是纪委系统，就要侧重于党风廉政和反腐败工作。

三、注意分层次

层次是一篇文章的核心，更是讲话稿的重中之重，因为讲话稿是用来读的，如果东一榔头西一棒槌，很容易让听众迷糊。层次能直接反映领导安排部署工作的水平。

一方面，起草讲话稿之前，一定要写出完整的提纲，有了提纲，才能确保讲话稿层次清晰，才能理清逻辑关系。

以农业发展讲话为例。

规模化、产业化、组织化、品牌化建设在第一个层次是并列的，设施农业、有机农业、特色农业在发展成果方面是并列的，科技扶持、政策保障、组织领导、质量体系建设在保障措施方面是并列的，起草讲话稿时决不能改变内容的先后顺序，也不能变并列关系为包含关系。

另一方面，要分清楚每一个层次的内容，避免说"车轱辘"话。

比如，某位领导围绕经济工作发言，自信于平时的积累较多，在会议上滔滔不绝，开头就要讲三点，之后在每一点下又讲了三点，说到第二点时，灵机一动又反过来强调第一点的内容，最后还要靠他自己解释，别人才能明白他的用意。这导致听众只能感叹他的知识储备量，对他想表达的意思，虽然大致明白，却又似懂非懂。

这说明，一篇好的讲话稿，一定是经过整合的，秘书在起草讲话稿时应把握全篇内容要传达的核心思想，把类似的段落、内容进行有效整合，充分强调过的内容后续就不要反复强调。

四、注意拔高度

全面贯彻落实上级精神，高度自然就有了。大至一个地区，小至一个部门和单位，任何工作都必须受到法律、法规和政策的约束。所以，吃透上级的会议和文件精神是起草讲话稿的重要依据。吃透上级的会议和文件精神，一般要从四个方面入手。一是认真学习、把握国家有关法律、法规。二是认真学习、领会党和国家的有关方针、政策。三是认真熟悉、掌握上级对有关工作的规划、计划。四是认真学习、理解上级有关的会议与文件精神。当然，吃透上级的会议和文件精神，不能只靠临时抱佛脚，平时就要多多留意，处处用心，不断学习，日积月累，写作前还要集中学习。这样才可能对上级的会议和文件精神理解得透彻，把握得准确，运用得精熟。

从整体的角度切入，文章的高度自然就有了。领导的讲话，不能仅仅局限在自己的工作上，还要站在整体的角度提升讲话的高度。领导在总结工作时不仅要总结自己工作的亮点，还要把自己的工作对整体的贡献表述清楚；在分析问题时要把自己无论如何也不能突破的难点问题，进行整体把握，提出横向联合、纵向协调争取等切实可行的建议；在谋划发展时更要把自己放在整体中。这样的讲话稿不仅有高度，更能凸显"四个意识"。

注重换位思考，讲话稿的高度自然就有了。写任何材料都不能闭门造车，写领导讲话稿更是如此。在写领导讲话稿时，一定要带着问题写，针对问题写，把解决问题的方法写透彻、写到位。而在探寻问题的来源时，要进行换位思考，从听众的角度出发，站在听众的队伍中查找不足，提出切实可行的解决办法和思路，再返回领导层面、全局角度进行把握，这样的领导讲话稿才能取得深入人心的效果。

年年岁岁花相似，岁岁年年人不同
——领导培训动员讲话的"三部曲"

▼

领导培训动员讲话的讲话稿，是组织部门秘书最常写的材料，可以说是写"滥"了，但每次都要写出不同的味道，确实很有难度。本节将介绍培训动员讲话的讲话稿常写常新的方法。

一、关于标题

培训动员讲话的讲话稿，其实撰写思路较简单，惯用的就是"三段论"，常见的提纲和标题如下。

一、提高认识（讲学习意义）

二、珍惜机会（讲学习要求）

三、严肃纪律（讲学习纪律）

这套标题简单、朴素，但是，秘书用"一套标题打天下"肯定是不行的，还需要学会"易容术"，通过形式的变化来求得新意。比如，就拿"提高认识"来说，简单一点的，可将其改为"统一思想""深化认识""深化思想认识"等。

三个层次标题中的用词也可以变换。比如，珍惜机会也可以看作提高认识的一种。举个例子。

一、要珍惜机会、倍加重视

二、要强化责任、潜心学习

三、要注重形象、严格要求

当然，有时为了换一种风格，换一种感觉，秘书也会刻意把标题拟得复杂一点，以示与原来的不同。

一、认清形势，切实增强培训学习的自觉性
二、明确职责，努力提升学习效果与履职能力
三、端正态度，以良好的学风搞好学习培训

有时，为了改变固定格式、固有思维，秘书可能还会把三段变为四段。

一要倍加珍惜学习机会
二要带着问题学习思考
三要展现干部良好形象
四要学用结合巩固成果

二、关于逻辑

写材料最讲究的是逻辑，其内容必须前后呼应、上下衔接、左右关照，否则会让人觉得层次混乱、杂乱无章。

比如，讲意义的理由，就可以比较容易地列出以下三条。

首先是适应新形势新任务的需要
其次是提高工作科学化水平的需要
最后是加强队伍建设的需要

这套理由只需稍加修改，无论用在何种培训动员讲话中都基本贴切。同样，再将其变换一下，又可以生成许多套新的内容。

从大的方面讲，本次培训班是全面贯彻落实习近平新时代中国特色社会

主义思想和党的十九大精神的实际行动，是全面提升我县民政系统干部队伍的政治素质、理论素质、业务素质以及工作能力的重要举措，也是推动"民生强县"战略的有效抓手。所以，大家要提高政治站位，提升思想认识，端正学习态度。

从当前的工作方面讲，目前已进入年底，各项考核将近，全县各条战线都处于冲刺阶段，各项事务性工作十分繁重，我们的各项工作更不轻松，一次抽调这么多干部外出学习，很难得，也很不容易。

从此次培训班方面来讲，这是县委实施干部教育三年行动计划以来，民政系统第一次组织高校异地培训班。因为每年申报的单位很多，异地培训的名额十分有限，我们能够争取到实属不易，因此希望大家珍惜这次难得的学习机会，带着沉甸甸的责任感和使命感去学习。

再比如，关于学习要求，可以从以下几个方面讲。

一要学有方法，二要学有思考，三要学有实效。

也可以换为以下内容。

要勤学，要多看，要深思，要广议。

还可以换为以下内容。

要善于学习，要注重应用，要实践提高。

三、关于创新

写材料不能总是用"老三样"，创新写法不仅是可行的，而且是必要的。例如，有一个赴井冈山学习的党性锻炼班，秘书需要撰写动员讲话稿，如果按照原来的老"三段论"，不是不能写，只是写出的讲话稿没什么特色，于是他换了一个思路，围绕"党性锻炼"这个主题来写文章，也用了三句话。

第一句话：心中要有信仰。信仰是什么？有人说，信仰是一个人内心的指路明灯。我觉得，信仰能照亮我们前行的人生道路，它就像井冈山上的那星星之火，能够照亮中国革命前行的道路……早些日子，中央政治局召开会议研究部署了"不忘初心、牢记使命"主题教育工作，在这样一个时间节点，我们奔赴井冈山这样一个红色革命圣地开展党性锻炼，意义就非比寻常了。首先，这是一次"不忘初心"之旅，更是一次历史的追问，是一次精神的洗涤，是一次信仰的升华。在井冈山，树荫下、操场上，处处都是课堂，处处都有学问……希望大家在追问和找寻中坚定信仰，坚定理想信念，守护好自己的初心。

第二句话：肩上要有担当。我们安排大家外出学习锻炼，不是为了学习而学习，而是为了更好地工作而学习，为了更好地担当责任和使命而学习。大家到了井冈山，置身于历史场景之中，触摸遗存的历史建筑，大家身临其境，可以好好感受一下，是什么让红军在这自然条件恶劣、生活条件艰苦的井冈山革命根据地，坚持革命，斗争了两年零四个月？我看行程中安排了瞻仰井冈山革命烈士陵园，大家可以去看看，那里记载的牺牲的有名有姓的革命战士有一万五千七百四十四人，另外还有三万多名牺牲的战士连姓名都不曾留下，大家可以想一想，是什么力量让这近五万名革命英烈甘愿赴死，血洒井冈山？我想，除了我们所说的信仰的力量，应该就是我们常说的使命、责任和担当吧！他们那一代人的使命和担当就是推翻"三座大山"的压迫，建立一个没有剥削、没有压迫的新社会。那么，我们这一代人的使命和担当是什么呢？我们的使命和担当就是建成社会主义现代化强国，实现中华民族伟大复兴。而要完成这一使命和担当，需要我们每一个人担当责任、全情参与，在自己的本职工作岗位上主动担当，积极工作……多谋良策，勤思良方，善抓落实，体现我们应有的担当。

第三句话：脚下要有力量。这里我要讲的是"行胜于言"的道理。我看了大家的培训安排，在井冈山，大家会参观许多旧址，比如会安排大家去走一走红军的挑粮小道，实地感受一下当年红军的艰苦和不易。大家会听到许多故事，那里的每一个故事都很感人，听了会让人热泪盈眶。在井冈山，你们的心灵将无时无刻不被震撼着、敲打着、撞击着，你们将无时无刻不在感动着、感慨着、感悟着。但我想要说的是，践行井冈山精神，不在于你在现场"流了多少泪"，而在于你回到岗位后"受了多少累"。红军在井冈山艰苦卓绝的两年零四个月，在历史长河中只是短暂的一瞬间，却创造了许多行之有效的"第一"：第一个农村革命根据地，第一支工农武装红军，第一所红军医院和红军学校，第一部土地法，第一次提出了"以农村包围城市，武装夺取政权"的革命路径，第一次规定了人民军队的三大任务，还有"三大纪律、六项注意"、灵活的游击作战原则，等等。这充分说明了"行胜于言"的道理，只有脚下有了力量，我们才能创造出一个又一个的奇迹。所以，我希望大家在这次党性锻炼活动之后，把在现场的"万千感动"转化为岗位上的"点滴行动"，回来之后，希望大家都思考一下，如何把井冈山精神转化为工作的动力和方法，并将其融入我们的工作之中，融入即将开展的"不忘初心、牢记使命"主题教育之中，争取在平凡的岗位上做出不平凡的业绩。

这三句话不落俗套，没有使用那些常规的词句，给人以耳目一新之感，并且通俗易懂、简单好记，往往会使讲话增色不少，使听众更能入耳、入脑、入心。

正如古人所言，文似看山不喜平。培训动员讲话稿尽管年年写、常常写，但只要学会创新，学会巧妙变换，照样可以写得与众不同，把"年年岁岁花相似"写得"岁岁年年人不同"。

第二章

工作汇报

汇报无小事
——撰写工作汇报的"三步十一招"

▼

"赶紧准备个工作汇报，要有特色、有亮点。"——领导们的话语犹如一声声号令，随后，负责办公室工作的秘书将忙活好一阵子。

一、准备：广纳粮草，备足素材

俗话说，巧妇难为无米之炊，没有充足的准备，高质量的汇报材料是不可能撰写出来的。那么，如何准备呢？

第一，拉班子。大凡综合性、全局性的工作汇报，单凭个人之力很难完成。有的秘书谈到自己就有这方面的"教训"，接到任务后，开始快速撰稿，写到涉及某些具体专业性的工作、需要某些数据的时候，才发现未做准备，陷入了被动。所以，在撰写综合性的工作汇报时，要提前把相关的人员召集起来，安排一名副职领导牵头，涉及的科室最好都有人员参加，实在不能都参加的，应保证重要科室有人员参加，而后各自分任务、同步展开，这样既省时又高效。

第二，找素材。工作汇报是单位建设的全面反映，我们需要提前把上级的指示、领导的讲话、下级的报告、以前相关的汇报、相关领域的网络资料等素材准备好。秘书遇到诸如"上次讲话怎么说的""最近有什么新提法"等提问就有点发蒙，以致手忙脚乱，很是狼狈，所以，整理素材对写工作汇报来讲很重要。

第三，理思路。经常写工作汇报的人都有这样的感受，辛苦整理出的成果由于方向不对、思路不对而必须推倒重来。特别是对那些时间比较紧、要求比较严、层次比较高的工作汇报，秘书务必提前与领导确认汇报思路，把写几个部分、每个部分写什么，特别是需要反映哪些问题定下来，这样后面写起来才能比较顺畅。

二、重点：反映特色，体现亮点

老笔头一直认为，工作汇报很好上手，一般人学一学就能写，但是要写好、写出彩、写对路，却并不容易！这里比较关键的，是把握重点、抓住重点、反映重点、体现重点。

第一，就是体现在观点的提炼上。 只谈情况，不谈观点，是开材料仓库。人的头脑是加工厂，没有材料不行，有了材料要经过加工，要产生观点，用观点统率材料。工作汇报，其实就是向上级领导反映抓工作的思路及做法，为此，要把抓的目的、抓的方法、抓的效果说清楚。

比如，有篇围绕"创新社会治理"主题展开的工作汇报，分别提出了"以小网络托起大服务""以小信息汇成大数据""以小气候优化大环境"三个观点，而在论述"以小气候优化大环境"时，在反映具体工作的时候，在开头加了这样一段话："工作实践中，我们发现中心城区百分之八十的群众信访和投诉与小区管理有关。如果把小区的'小气候'营造好，就能从源头上控制矛盾问题"。

这就是既体现思想观点又反映具体做法的汇报，上级领导听了，会感觉这个单位工作有思路、有亮点，汇报效果肯定差不了。

第二，就是体现在事例的选择上。 有什么办法使人听了不会忘记？讲存在的问题，要举事例，把人指出来，不举事例等于无用，听众不好懂，文件重要的是要使人懂，为了使人懂，长一点不要紧。具体起草时，要选择那些能反映上级工作成效的事，选择体现本级工作思路的事，选择展现单位先进典型的事，选择人无我有、人有我优的事，选择发生在基层、群众认同的事。事例选择好了，再加上体现具体成效的数字，就会对汇报成功有很大的促进作用。

比如，有篇工作汇报在讲社区文化引领时，举了该市"公德评议团"的例子，反映他们定期评选群众中的好人好事的做法，这些先进典型对周边村民影响很大；在讲组织专业帮扶解决难题时，举了该市关爱失独家庭的专业社会组织"连心家园"的例子，这既反映了工作成效，也宣传打造了行业品牌。

第三，就是体现在问题的牵引上。 我们常讲，问题是时代的声音。针对问题进行的汇报，既能反映一级班子的政治敏锐度和责任担当，也能体现其统全局抓工作的素质水平。

比如，有篇工作汇报在开头就提出社会治理面临的三对矛盾：城市更大了，但服务群众的距离更远了；人口更密集了，但引导群众的本领更小了；社会更多元了，但凝聚群众的能力更弱了。围绕这三对矛盾把单位的工作引出来，就显得自然而有针对性。

比如，有篇围绕今年思想政治工作怎么抓的工作汇报，在开头提出面临的四个挑战：国家全面深化改革纵深推进，对标看齐的标准更高了；意识形态领域斗争日益复杂，思想引领的难度更大了；经济转型的步伐加快，服务保证的需求更紧了；作风建设向末端延伸，正风肃纪的要求更严了。着眼这个形势特点，工作汇报接下来依次论述思想政治工作开展的目标、抓手和重点，会让人觉得文章重点抓得很准，层次感很强。

第四，就是体现在与上情的对接上。一篇工作汇报，如果里面找不到上级的指示、领导的讲话、各级的精神，纵使思路再独特、文字再流畅，也是失败的。换位思考一下，上级听汇报时听的是什么，就是听上级的决策指示、文件规定在这个地区、这个部门、这个行业是怎么贯彻落实的，这是重点。所以，秘书在写工作汇报时，要始终做到与上情对接、与文件对表，把上级的要求转化为我们的做法、把上级提出的问题转化为我们的探索方案，上级在我们的工作汇报中要找到回应、找到答案、找到共鸣。

比如，有篇工作汇报这样写道："2016年8月，李书记来到我区社区视察指导，对我们谆谆教导：社会治理创新的重点落在基层、根基扎在基层。这些年的探索实践使我们深深感受到，这不仅是李书记的殷切要求，更是实现社会良治的根本所在。"这篇工作汇报就表明了下级把上级领导的指示精神很好地融入了自己的工作，体现了很强的方向性和指导性。

第五，就是体现在对词句的把握上。有秘书经常会感到困惑，给领导呈工作汇报时，领导会问："你这句话是从哪里来的？有什么依据？准确不准确？"他经常被问得汗流浃背。领导经常告诫他："你写在纸上的每句话、每个字都要经得起问、经得起查、经得起推敲。"因此，在这方面，秘书千万不能想当然、不能"我以为""我感觉""大概是"。一般来说，单位工作汇报整理好后，领导会让各科室提前把其中提及的相关工作资料准备好，做到有备无患。

三、文风：考虑周到，滴水不漏

撰写工作汇报，还要体现严谨的文风。讲这个要求，也是为了避免一些不必要的失误和错情。

第一，统稿方面要严之又严。 大的综合性工作汇报如果开始是分块分工撰写的，最后就涉及统稿的问题。这一环节往往容易出问题，也最能体现功底水平。要注意做到"三统"：统方向，就是不要写偏了，分块撰写时由于撰写者的文字水平有差异，合稿时如发现工作汇报的整体方向不一致、重点不聚焦，就需要调整，将内容进行整合并使之聚焦，防止杂乱无章；统文风，就是各段落的句式、语气、用词要尽量一致，不要写出几个风格，标题要么严格工整对仗、要么就不要向这个风格靠拢，不要将几个标题写出几类风格；统内容，就是要通篇审视，前后内容不要重复、顺序不要颠倒、逻辑不要出错，先讲什么、后讲什么，还是有讲究的。

第二，校对方面要细之又细。 校对一篇万字左右的工作汇报，如何在最短时间内取得最佳效果，需要用到一些技巧。下面介绍一种方法：先校对标题，按照工作汇报题目、一级标题、二级标题、三级标题的顺序依次校对，重点看格式和字体对不对，看前后内容是否一致，比如，前面说要讲四个方面，结果后面只写了三个方面，明显就闹笑话了；再校对内容，重点看有无错字、漏字；最后整体校对其他格式，如行距、页码、会议注记等。

第三，数据方面要准之又准。 在这方面，每次汇报前，秘书都要把工作汇报里涉及的缩写词、大小数据提前整理一份，以便领导汇报时备查。要知道，有时上级工作组突然插问，领导一时回答不出来的情况是存在的，所以要以防万一。

范文

构筑生态新优势　推进发展高质量

金湖生态资源条件好，高邮湖、宝应湖、白马湖三湖环绕，淮河入江水道贯穿全境，水域面积达 420 平方千米，占全县总面积的 1/3，人均耕地面积排全省第一。良好的生态环境是金湖最美的底色，我们始终将生态环境保护利用作为高质量发展的基础，坚持生态优先、绿色发展，一届接着一届干、一任接着一任干，初步走出了一条"生态越美丽—发展越兴旺—群众越幸福"的道路，生态文明建设取得了丰硕成果。去年 9 月，我县荣获首批国家生态文明建设示范县称号。在推进生态环境高质量发展的工作中，我们有以下 3 点体会。

一、生态保护不能"按下葫芦浮起瓢"，需要统筹谋划、综合施策

淮河入江水道城区段有一个避风港，积聚了近 400 户渔民、700 条渔船，平时生活污水未经处理直接排入河道，岸上还有 4 家建材企业，粉尘污染比较严重，对下游水质造成了一定影响。我们也曾采取渔船截污、修建公厕等措施，但这种零打碎敲的治理方式，效果一直不明显，周边群众意见不断。为彻底改变这一状况，经过反复调研论证，我们制订了系统的解决方案，投入 1.5 亿元，为每户渔民提供安置房，拆解和拆除所有船只和 4 家建材企业，全面清理避风港的周边环境，并规划建设滨湖湿地公园，使生态环境得到了彻底修复。栽下梧桐树，引得凤凰栖。近期，我们成功引进了投资百亿元的综合保护开发项目，该项目建成后将集水上娱乐和旅游度假于一体，成为最能彰显金湖水韵特色的景观名片。通过对这个问题的处理，我们深切感受到，生态修复不能头痛医头、脚痛医脚，必须运用系统思维，从全域全局高度谋划推进。为此，去年年底，我们将县委全会主题确定为生态文明建设，制订了"生态美丽金湖建设三年行动方案"，实施 4 类、

40 项重点工程，控制土地开发强度，推进白马湖、高邮湖、宝应湖退圩还湖，为全域发展"留白"；编制产业正负面清单，重点发展与环境相容的高端装备制造和新能源新材料产业，坚决不上一个化工项目，为环境容量"减压"；统筹整治 180 千米水岸线污染源，解决影响水、土、气的突出问题，为生态肌体"去疴"，系统打好生态环境提升攻坚战。

二、生态产业必须"一把钥匙开一把锁"，坚持因地制宜、注重特色

金湖河湖众多、水网密布，水是金湖最具特色的生态资源，水也孕育了高品质的水产品。我们坚持在"生态+"上做文章，大力发展生态水产业，推广湖区虾蟹混养、荷藕龙虾套养等生态养殖模式和健康养殖技术，积极发展有机芡实、深水荷藕等特色水生蔬菜种植。全县生态种养面积近 20 万亩，农业"三品"多达 326 个、占全部农产品的比重达到 50% 以上。因为品质好，我县出产的同等规格的小龙虾每千克要比其他地方出产的高出 10 元，仅此一项，全县养殖户就多收入 2 亿元以上。

金湖的生态环境优美，但怎样将"绿水青山"变为"金山银山"呢？我们经过调研思考，决定把全域旅游作为"突破口"。我县的旅游基础并不占优，在 2017 年之前，全县没有一个 4A 级景区。我们以获批国家首批全域旅游示范区创建单位为契机，将县域作为一个大景区进行规划建设，依托淮河入江水道、高邮湖大堤，建设长达 300 千米的滨水旅游风景道，沿线打造荷花荡 4A 级景区、水上森林公园、白马湖生态渔村、尧文化体验区等重点景区，在相关节点配套建设荷韵小镇等特色小镇和特色田园乡村，合理布局休闲农业采摘点、精品民宿、农家乐等服务业态。金湖的全域旅游虽然启动时间不长，但随着游客的增多，有力带动了群众增收致富。就拿在荷花荡内卖莲蓬、菱角等农产品来说，一个摊位在一个旅游季节中总共能创收 2 万多元，富民效应初步显现。现在金湖的全域旅游是：越做思路越开阔，越做前景越广阔。

三、生态惠民应当"敲鼓敲在鼓心上"，突出问题导向、以民为本

金湖的生态环境总体很好，但仍然存在短板。城东有个因造纸厂处理废水形

成的"黑水塘"，面积将近 80 亩，因处理难度较大，该问题一直没有得到根治，墨汁状的污水散发出刺鼻的气味，周边居民长期不敢开窗通风，曾多次反映该问题。每次经过"黑水塘"，我的心情都很沉重，心底就像压了块沉甸甸的石头。2016 年，我们下决心彻底解决这个问题，聘请了专业机构对"黑水塘"的污水和污泥进行无害化处理，在原址及周边地区进行生态修复，建设景观休闲广场。现在，看到成群结队的居民在公园游玩时露出的笑脸，压在我心里的石头总算落了地。

生态环境发展的过程，就是不断增进人民福祉的过程，"健康"本身就是"全面小康"的重要内容。我们把满足人民群众对美好生活的向往，作为生态建设的出发点和落脚点，针对群众身边的环境问题，打出了一套生态惠民的"组合拳"。

金湖虽然水资源丰富，但主要为"客水"，受上游影响较大，自来水取水口的水质一直不稳定，农村饮用水仍以地下水为主，水质安全难以保证。我们将保障城乡居民饮用水安全作为头等民生实事加以推进，对取水口周边进行综合整治，水源地环境得到极大提升；建设占地近千亩的备用水源地，实现流动取水、常年蓄水、生态净水，建成后的备用水源地环境已成为城区水生态环境的一大亮点。同时，我们建成了水深度处理项目，同步铺设了近千千米的城乡供水管网，现在，自来水的出厂水质达到了直饮标准，城乡供水实现了"同源、同网、同质"。

站在新起点，生态保护依然任重道远、生态发展仍需砥砺前行、生态惠民永远没有尽头，我们将按照省委十三届三次全会部署，在推动生态环境高质量发展工作中走在前、做在先，让金湖人民永享生态之美、生态之富、生态之福！

老笔头点评

全文文风务实，紧抓问题导向，数据支撑作用明显，方法措施表述到位。

问题清则事情明
——撰写工作汇报必须解决的"三个问题"

▼

工作汇报写作十分考验人，撰写工作汇报始终是秘书们绕不过的"坎"。写好工作汇报，说难也易，说易又难，重点是解决好三个问题。

一、为谁写

起草工作汇报前，一定要明确这次汇报是为谁写的。这个"谁"包括两个层面的内容：一个是向"谁"汇报，另一个是"谁"来汇报。把这个问题弄明白了，才能有的放矢、因人施策。

（一）向谁汇报

撰写工作汇报前，秘书必须了解听取汇报的人的个性、风格、喜好、目的，根据不同情况确定汇报的主旨和侧重点。

比如，领导第一次到县里调研，工作汇报的第一部分就应该对县情做一个比较详细的介绍。举例如下。

××又称"××城"，面积达××××平方千米，辖××乡××镇××办、××村（社区），人口约为××万。从区域位置看，××是××西大门，距××、××、××三市的车程均在一小时内，××高速、××国道、××铁路贯穿境内，××江流经全境。从历史人文看，××历史底蕴厚重，是××文化的发源地，境内有××等风景名胜区，××诞生在这里。中华人民共和国成立后，这里又走出了××等党和国家领导人，我党早期重要领导人×××曾在这里求学。从产业经济看，工业方面，××境内有××等大中型企业，近年来先后引进××等国内一流企业落户，初步形成了××等六大重点产业；农业方面，有耕地××万亩，粮猪产业连续多年进入全国粮猪生产百强县，有××等农业产业化龙头企业。从社会事业看，××是全国文化先进县、全国科技进步先进县……

如果领导经常来调研，对本县的情况比较熟悉，那么就没有必要再写这部分内容，否则就是画蛇添足、多此一举。

再如，一位县委书记的文风颇有新意，他不喜欢用"统一思想""提高认识"之类的话，所以在向他汇报时，就要一改过去"立意高远、思想深刻、内涵丰富、导向明确"的模式，而可以采用下面这种方式。

下面，我谈谈自己对××书记讲话的几点认识和体会。

这是一个警示钟。不能"鸡毛大点权力，就舞出金箍棒的威风"……这是一支预防针。俗话说，小洞不补，大洞吃苦……这是一瓶醒脑剂。人生一世，草木一秋；草木可以再长，人生却不能重来……

感动，触动，更应有行动。今后，我将做到以下三点。

一是以公处事。牢记"水不平则溢，事不公则毁"的古训……二是以廉树威。把"廉贪一念间，荣辱两重天"作为戒石……三是以德立身。树立"快乐一阵子不如幸福一辈子"的观念……

（二）谁来汇报

这里的"谁来汇报"，指的是代表集体汇报还是代表个人汇报。一般的工作调研检查，通常都是代表集体汇报，所以撰写工作汇报时就要用班子的口吻，突出集体的意见，在这种情况下，个性化的语言应该少一点；如果是领导个人的汇报，比如向上级汇报个人的思想工作情况，则要着重考虑汇报人的个性和特点。

比如，在撰写一位县委书记在组织部门的调研座谈会上的工作汇报时，考虑到领导下派及个人讲话风格等因素，可以列出以下讲话提纲。

一、在"知足知不足"中扬长避短

具体来讲，发挥四个方面的优势。

一是工作更有激情。

二是视野更加开阔。

三是沟通更加顺畅。

四是手脚更易放开。

同时，工作中存在一些客观的不足，这些不足主要体现在以下几点。

一是熟悉情况有一个过程。

二是增进感情有一个过程。

三是转换角色有一个过程。

二、在"有所为有所不为"中突出重点

一是通过明确思路来统一思想。

二是通过使用干部来推动工作。

三是通过模范带头来改进作风。

四是通过改善民生来凝聚民心。

三、在"润物细无声"中和谐相处

一是处理好上与下的关系——架好沟通桥。

二是处理好前任和后任的关系——跑好接力赛。

三是处理好左与右的关系——演好同台戏。

四是处理好内与外的关系——共谋新发展。

二、如何写

工作汇报最能体现干部的学识与智慧、能力与水平，写好工作汇报，其中大有学问，但有几点是相通的，也是秘书们必须掌握的。

（一）逻辑上言之有序

工作汇报对逻辑性的要求很高，要做到逻辑严密、主次分明、先后有序、轻重得当、结构平衡，也就是说，先讲什么、后讲什么，什么在前、什么在后，都是有讲究、有技巧的。

1. 框架结构

撰写工作汇报要考虑是以时间为序，还是以空间为序，是以轻重缓急为序，还是以工作的重要程度为序，或是使用别的一些原则进行排序。

比如，某县委书记在向上级领导汇报县域发展的全年工作时用了以下框架。

（一）鼓足发展信心

（二）理清发展思路

（三）强化发展措施

（四）加快发展步伐

"发展信心—发展思路—发展措施—发展步伐"，这个框架就像剥鸡蛋壳一样，自然而然地剥下去，一步步递进，体现出了一种严密的、合乎逻辑的行文过程。

2. 小标题

小标题的逻辑在于相互之间的相对独立性，小标题不能彼此包含或者相互交叉，可以按照并列、递进、时间顺序、空间布局等逻辑进行编排，切不可杂乱无章。经常有人反映，感觉工作已经分得很细了，再向下一级的小标题似乎很难拟。这其实是大家缺乏发散思维，不会把一个问题掰细了来讲的表现。

比如，在撰写"如何发挥党员群众在党性教育基地建设中的作用"这一小点时，大家都认为不好再细分，其实不然，我们还可以将其细分为以下几点。

一是尊重党员群众。

二是相信党员群众。

三是依靠党员群众。

这样的小标题的逻辑就非常严密。

3. 遣词造句

这就是讲句子成分要完整，不能任意省略或无故残缺；句子中词语的搭配要恰当，相互搭配在一起的词语必须符合事理和习惯。这考验的是秘书的文字基本功，这里不再赘述。

（二）内容上言之有物

工作汇报最大的特点、最本质的要求，就是要内容实在、言之有物。如何才能实现这样的目标呢？这其实是一个做加减法的过程。

1. 先做加法

定好框架之后，围绕框架主题填充内容。

一是加内容。很多人在写工作汇报时思维比较简单，有时还有点词穷，这是不行的。这其实又回到了前面讲的发散思维的问题。

比如，讲"我们高度重视年轻干部的培养使用"，很多人讲了这句话就不知道如何往下写了，这时候就应该发散思维，下一句可以讲出台了哪些制度、制定了哪些措施等。所以，接下来可以这样写。

出台了年轻干部培养选拔的实施意见，建立健全从教育到实践、选拔、监管的全链条式培养机制，通过实施"精准培训""精选优派""先炼后提""立体管理"等方式，激励年轻干部勇于担当、敢于作为，让年轻干部学习有方向、干事有舞台、成长有机会、时刻有危机。

这样写，内容就丰满了。

二是加特色。这就要求把能体现本地区、本单位创造性地开展工作的好举措、好效果写详细。

比如，某地建立了"年轻干部成长档案"，这是落实全国组织工作会议精神的创新举措，既然是创新，在撰写工作汇报时就可以讲清楚一点。

探索建立"成长档案"，坚持统一建档、统一编号、一人一档，详细记录基本信息、岗位经历、专业专长、奖励、惩处及信访举报、年度绩效考核、参加培训、参加重大活动的表现、日常走访、谈心谈话、本人诉求、重大信息变化等方面的情况，进行全程纪实和动态管理，并注重档案的运用，将成绩突出、群众认可、各方面表现优秀的干部纳入重点考虑，适时予以提拔重用。

2. 再做减法

减法包括以下两个方面。

一是减空话套话。工作汇报不必过多围绕上级的某项工作部署谈认识、"炒现饭"，空话套话必须减掉，举例如下。

我们认真研判和深入分析当前国家经济政策、宏观经济走向、区域经济发展等情况及自身实际，在把握大趋势中捕捉大机遇，在顺应新要求中谋求新发展。

这就属于典型的空话套话，华而不实，在工作汇报中必须删除。

二是减常规工作。工作汇报不能事无巨细、面面俱到，一些常规性的工作可以适当地略去。比如汇报组织工作，没有必要汇报组织部的公文是如何流转的、档案工作是如何开展的等内容。

（三）风格上言之有味

不同领导的汇报风格不尽相同。所以，在撰写工作汇报时，除了要做到以上要求，还要在体现汇报人的风格上下功夫。好的工作汇报的风格应该是立意新颖，语言清新有味。如何实现这一目标呢？这需要把握以下三点。

一是把握"他"，就是把握汇报人的语言风格、讲话节奏，尽量使用符合其习惯爱好的语句。比如，长句读得好的领导，可以考虑多用长句，这样他汇报起来会更有气势，会给人一种掌控能力强的感觉；长句读不好的，那就多用短句，读起来会显得干脆利落，会给人一种敢于担当、务实肯干的感觉。

二是学习"它"，就是要经常推敲研究别人的优秀公文，遇到好的材料要多看几遍，仔细研究它的结构、观点、素材、论证方法和叙述方法，研究它好在什么地方，多琢磨琢磨。想想如果换了自己会怎么写，自己写出的公文与它的差别在哪里，哪种写法更好，如何借鉴它并将其运用到自己的写作中，如何与领导的风格统一起来，等等。

三是欣赏"她"，这个"她"指的是在秘书与领导共同努力下撰写成型的工作汇报，要像欣赏自己的"处女作"一样欣赏"她"。特别要关注领导修改的地方，这些地方就是领导风格的最佳体现，要仔细揣摩、体会、研究，每看一次都会有新的提高，反复看，就能把握领导的风格，对自己今后的写作大有裨益。

三、怎么出彩

工作汇报要写出彩是很难的，但这并不代表没有办法，在撰写过程中，秘书要把握以下几个要点。

（一）短小精悍的好

可能有领导在汇报时热衷于长篇大论，认为这样可以给人一种自己特别熟悉工作的感觉。其实不然，听众更喜欢领导在最短的时间内，将工作讲清楚，将措施讲到位，将成效讲充分，短小精悍、短而有料的汇报比长篇大论的汇报更受听众欢迎。

（二）精雕细琢的好

撰写工作汇报要有匠心，对每一段文字、每一句话都应精雕细琢，要有"两句三年得，一吟双泪流"的推敲精神，反复推敲怎样表述更合理规范、更能引人入胜，特别是对标题的雕琢不能少，要用最贴切的标题将工作表述到位。

比如，一位县委书记在准备在座谈会上向省委书记汇报工作时，把秘书给他起草的稿子压缩篇幅之后，又精心雕琢标题，将标题改成了"三个一"。

紧抓一根线（关于发展）

绷紧一根弦（关于稳定）

保持一片心（关于民生）

标题这样一改，既朗朗上口，又形象易记，给人以耳目一新之感。

范文

实施乡村振兴战略的工作情况汇报

近年来，我县严格按照"产业兴旺、生态宜居、乡风文明、治理有效、生活富裕"的总要求，以实现高质量发展为主线，以增加农民收入为核心，以壮大村级集体经济为突破口，以推进农村环境综合整治为着力点，以深化农村综合改革为根本动力，全面推进实施乡村振兴战略，推动了农业提质增效、农村文明进步、农民增收致富（**讲基本工作思路**）。××年，我县创建各类现代特色农业示范区××个，建成特色产业基地××万亩，培育了××品牌产品××个；农民人均可支配收入达××元，增长××%（**讲乡村振兴工作的效果**）。现将有关工作情况汇报如下。

（正文主要分为三部分，先讲工作开展情况，再讲存在的问题，最后讲下一步的打算，这也是工作汇报的基本框架。）

一、实施乡村振兴战略的情况

（一）以产业兴旺为重点，提升特色现代农业发展水平。（**工作汇报的常见标题模式，前面讲要求，后面讲目标。情况部分的五段分别是对照第一段的五个总要求来写的。**）一是大力扶持壮大龙头企业（**动宾结构，体现抓什么**）。把扶持和做强做大龙头企业作为引领特色农业转型的重要抓手（**思路**），大力扶持××、××、××、××、×× 等农业龙头企业，扶持发展一批农民专业合作社（**措施**），全县形成以龙头企业为引领、农民专业合作社为支撑的现代农业发展新格局（**效果**）。二是大力推进新型农业经营体系发展。全力抓好 ×× 现代特色农业示范区、×× 生态养殖示范区、×× 产业（核心）示范区等现代特色农业示范区建设（**措施**）。目前，我县农民专业合作社有 ×× 家，市级农业合作示范社有 ×× 家，家庭农场有 ×× 家（**效果**）。三是积极打造现代特色农业品牌。大力发展 ××、××、××、××、×× 等特色优势农产品，鼓励引导龙头企业和种养大户大力实施标准化生产，积极开展以无公害农产品、绿色食品、有机食品、农产品地理标志保护产品为主要内容的"三品一标"认证和特色产品商标注册（**措施**）。×× 年，我县 ×× 被评为国家地理标志产品（**效果**）。（**注意，工作汇报主要是告诉汇报对象抓工作的思路、措施以及效果。**）

（二）以生态宜居为关键，促进人与自然和谐共处。一是持续改善农村人居环境。为破解农村生活垃圾难题（**目标**），我县创新实施村屯环卫经费"1+1"工程（即村民每人每月筹集一元，财政每人每月补助一元），积极推广农村生活垃圾"村收集、镇转运、县（镇）处理"模式（**措施**），实现了百分之九十的行政村生活垃圾得到有效处理，全县乡村环境得到了明显改善（**效果**）。二是推动农村基础设施提档升级。实施"镇镇通二级公路"计划，推动了城乡基础设施互联互通。目前，全县已实现村村通硬化路（**讲路**）。全力实施农村饮水安全巩固提升工程，大力发展集中供水，稳步提升全县农村自来水普及率和集中供水覆盖率（**讲水，其实内容措施还可以更详细**）。三是加大农村环境综合整治力度。全面开展"清洁田园"专项活动，全力抓好农业废弃物资源化利用和无害化处理工作（**"开展……活动，抓好……"，既有载体又有措施**）。目前，我县共清理面积达 ×× 万亩的田园生产废弃物，清理农业生产废弃物 ×× 吨，推广清洁技术 ×× 万亩，发放宣传资料 ×× 万份（**一方面的效果**）。加强农村水环境治理和农村饮用水水源保护，完成了全县集中式饮用水水源保护区划分（**另一方面的效果**）。四是加强生态环境治理。全面落实"河长制"（**措施，这里还可以写得更详细，诸如压实责任、加强巡查、严格奖惩之类的**），×× 断面水质稳定达Ⅲ类标准，顺利实现 ×× 三年治理目标，×× 水质稳步好转。×× 个行政村被评为自治区级生态村，全县森林覆盖率达百分之 ××（**后面都在讲效果**）。

（三）以乡风文明为保障，凝聚乡村振兴正能量。一是突出抓好农村思想道德建设。坚持教育引导、实践养成、制度保障三管齐下（**基本思路**），深化中国梦的宣传教育，大力弘扬 ×× 精神，积极引导全县居民注重家庭建设、家教传承和家风培育，开展了评选表彰"十大居民"等活动（**措施**），形成了健康向上的精神风貌（**效果**）。二是深入实施各类文化科技惠民工程。通过开展"文化下乡、送戏下乡"和"崇尚科学、破除迷信、拒绝邪教"等宣传活动，结合提升社会公共安全感和满意度工作的不断深入和拓展，大力宣传社会主义核心价值观（**思路**），实现了农村精神文明和脱贫攻坚相互支撑、相互促进的良好态势。**三是深入开展移风易俗行动。**发挥村规民约、红白理事会等作用，坚决遏制大操大办、天价彩礼、人情攀比等陈规陋习。深化农村殡葬改革，引导群众大力弘扬时代新风，自觉抵制封建迷信等腐朽文化的侵蚀。（**这些内容都是措施＋效果，这篇范文主要讲思路，但没有细讲，读者重点学习其整体行文脉络。**）

（四）**以治理有效为基础，推动乡村和谐发展。一是健全村务监督机制。**建立健全村务监督委员会，推行村级事务阳光工程，依托村民代表会议、村民议事会、村民理事会、村民监事会等，形成了民事民议、民事民办、民事民管的多层次基层协商格局。**二是加强农村基层党组织建设。**以加强村级党组织、带头人队伍和党员队伍建设为重点，扎实推进抓党建促乡村振兴、促脱贫攻坚等工作，推动了农村基层党建工作全面提升。扎实推进村级党组织标准化建设，全面向贫困村、软弱涣散村和集体经济薄弱村党组织派驻第一书记，全县农村基层党组织活力得到了进一步增强。**三是创新基层管理体制机制。**完善"一门式办理""一站式服务"的乡村便民服务体系（**讲服务**）。加大农村普法力度，全力提高农民法治素养，增强基层干部法治观念、法治为民意识（**讲普法**）。建立健全基层司法调解等纠纷调处机制，基层矛盾纠纷逐年减少，上访案件发生率逐年下降，全县居民的社会公共安全感和满意度得到明显提升（**讲矛盾纠纷化解**）。**四是建设平安和谐乡村。**大力推进农村社会治安防控体系和"雪亮工程"建设，实现了空中有监控、地面有巡逻、重点部位有技防的防控网络（**从设施上讲**）。深入开展扫黑除恶专项斗争，严厉打击农村黑恶势力、宗族恶势力，严厉打击黄赌毒盗拐骗等违法犯罪，全县乡村治安环境实现了进一步好转（**从载体活动上讲**）。

（五）**以生活富裕为根本，提高乡村民生保障水平。一是大力促进农民增收。**坚持把就业创业作为农民增收的主渠道，大力推进农民工创业园建设，全力加强职业技能培训，多渠道促进全县农村劳动力转移就业创业（**讲就业措施**）。我县在全区率先举办"党旗领航·电商扶贫'我为家乡代言'"活动，全县有××多名贫困人员实现创业，农村电商产业链直接创造就业岗位××多个，辐射带

动了贫困户 ×× 多户、×× 多人脱贫致富（**讲效果**）。**二是优先发展农村教育事业**。加快义务教育均衡发展，全面统筹城乡义务教育资源配置，强化乡镇中心学校的统筹、辐射和指导作用，推动了基本均衡向优质均衡发展。**三是扎实推进脱贫攻坚工作**。坚持把脱贫攻坚作为最大的政治责任、最大的民生工程来抓，全县共实现 ×× 万贫困人口脱贫、×× 个贫困村摘帽，全国十佳农民 ×× 被评为"全国农业劳动模范"（**主要讲效果**）。**四是加强农村社会保障体系建设**。积极完善城乡居民基本养老保险制度，适时适度提高养老金待遇水平。统筹推进城乡社会救助体系建设，加快农村低保与扶贫开发政策衔接，做到了农村贫困人员应保尽保、应兜尽兜（**主要讲思路，在实际撰写时可以拓展**）。

二、存在的问题

我县虽然力图全力抓好乡村振兴战略实施，但面临的困难和问题不少，主要有以下表现。**一是农业产业化水平较低**。我县新型农业经营主体数量虽然在不断增加，但总体规模偏小、产业链条短，农产品附加值不高，市场竞争力不强，辐射带动力不强，农业产业化进程仍需进一步加快。**二是产业发展资金短缺问题突出**。多数新型农业经营主体自有资金不足，县级财政支持现代农业的资金有限，农业金融机构贷款门槛高、担保难、时间短、额度小，产业发展的资金短缺问题突出，难以扩大经营规模。**三是新型职业农民队伍力量薄弱**。新型职业农民队伍的培育和培训力度不够，他们的新时代乡村振兴的思维意识不强，发展的大局观念不强，发展的长远眼光不足，存在"单兵作战"等传统方式的问题，不适应新时代的生产力发展水平，缺乏生产经营管理能力，市场竞争力不强。**四是生态治理的任务艰巨**。我县是 ×× 江、×× 江综合整治的主战场，要实现"两江"水质达Ⅲ类标准的压力很大。目前，我县生猪养殖户数为 ×× 万户，生猪存栏量达 ×× 万头，小散养户有 ×× 万家，而大部分养殖户采用的是传统养殖方法，环保设施简陋，有的养殖户甚至直排废水。经估算，×× 江（×× 段）综合治理资金大约需要 ×× 亿元，而我县自有财力不足，难以支撑综合治理的巨大投入（**举例说明**）。**五是乡风文明建设有待加强**。部分村民的自治意识、自我管理的能力不强，没有形成良好的卫生习惯意识。部分农村存在娱乐活动单一、文化阵地建设滞后、示范带动作用发挥不充分等问题，农村文明建设现状与广大人民群众对精神文化的需求还有不小差距。

三、下一步的工作打算

下一步，我县认真按照自治区、××市的具体部署，科学实施乡村振兴战略，确保取得实效（**讲下一步的工作思路**）。

（一）围绕"产业兴旺"要求，转变农业发展方式，促进第一、二、三产业融合发展（**此为复合式标题，要求＋做法＋目标**）。一是培育主导产品。根据我县产业优势和资源特点，围绕培育并发展具有区域特色的农业主导产品、支柱产业和特色品牌，及时出台特色产业扶持政策，培育新型农业经营主体。**二是促进农村三产融合发展**。大力发展"互联网＋农业"，发展特色种养业、农产品加工业、农村服务业，促进农村第一、二、三产业融合发展（**从总体上讲**）。培育和引进一批农产品加工龙头企业，加快推进××农牧业畜产品深加工项目、××乳业年产××万吨乳制品等重点项目建设，打造一批三产融合示范区（**从点上讲**）。**三是大力发展特色农业产业**。大力发展粮食、水果、中药材、畜禽、水产、食用菌、蔬菜等优质特色农产品及精深加工业，支持××、××、××等农业龙头企业向精深加工业延伸，开发系列富硒农产品（**措施**）。计划三年内建成自治区级现代农业（核心）示范区××个、县级××个、乡级××个和××个村级示范点的建设工作，实现县有示范区、镇有示范园、村有示范点的目标（**下一步的目标**）。**四是建立农村产权流转交易平台**。按照"政府搭台、市场运作、便民高效、统一规范"的要求，将示范区作为构建紧密利益联结机制的试验区，率先在示范区成立土地经营权流转平台，实现农村资源高效配置（**主要体现思路**）。**五是培育骨干龙头企业**。以龙头企业为引领，以合作社为纽带，以家庭农场、种养大户为基础，加快培育新型经营主体，不断拉长产业链接、要素链接和利益链接。

（二）围绕"生态宜居"要求，加大基础设施建设和生态保护力度，建设宜居、宜业、宜游的美丽乡村。一是加快农村基础设施建设。统筹乡村建设项目、资金、人才等各类资源，加快农村公路、供水、供气、环保、电网、物流、信息、广播电视等基础设施建设，推动城乡基础设施互联互通（**从总体上讲思路**）。继续推进节水供水重大水利工程，实施农村饮水安全巩固提升工程（**从点上讲水利**）。

二是打造优美的乡村环境。实施农村人居环境整治三年行动计划，以农村垃圾、污水治理和村容村貌提升为主攻方向，加大资金投入力度，每年投入××多万元持续抓好村屯环卫经费"1+1"工程，着力解决乡村垃圾处理难题，不断巩固"1+1"工程成果，使乡村环境更美、生活质量更高（**抓环境整治的载体、目标和措施**）。同时，严格落实河长制，实行三级河长治污措施，重点推进××江、××江流域生态环境综合治理，推广应用生态养殖模式，推进流域周边养殖场升级改造，着力保护绿水青山，建设美丽乡村（**讲水域治理**）。**三是大力发展乡村旅游。**积极探索"文化＋农业＋旅游"等发展模式，依托××县深厚的历史文化底蕴和乡村旅游资源，大力发展乡村旅游，探索发展农家乐、观光旅游、农业采摘、休闲垂钓等旅游项目，因地制宜推出一批特色农家乐、特色农庄，让旅游产业成为我县群众脱贫致富奔小康的新引擎。如可对××、××、××、××、××、××革命根据地等进行精心打造，并形成乡村旅游精品线路（**前面讲工作思路，后面是举例**）。

（三）围绕"乡风文明"要求，深入实施文化引领战略，推动社会主义核心价值体系在乡村落地生根。**一是加强农村思想道德建设。**以习近平新时代中国特色社会主义思想为引领，结合农村实际，采取符合农村自身特点的有效方式，加强对中国梦、爱国主义、集体主义、社会主义的宣传教育，不断加强农村思想文化阵地建设。深入挖掘××、××、××等人文资源，推进理想信念、职业道德、家庭美德、个人品德建设。推进诚信建设，强化农民的社会责任意识、规则意识、集体意识、主人翁意识（**三句话从大到小、从面到点讲**）。**二是发展农村优秀传统文化。**加强对传统村落和古村落的保护开发，让其既能传承历史文化、凝结乡愁眷恋，又能跟上时代节拍、融入现代生活，实现在原有文化根脉上的新生（**整体思路**）。重点打造××、××、××、××等一批特色文化名村，努力形成"一村一品、一村一景、一村一风、一村一韵"的乡村文化产业发展新格局（**具体措施**）。**三是着力构建乡村公共文化服务体系。**以开展"服务惠民"活动为依托，按照自治区"六有"建设标准和"八个统一"要求，大力整合乡村建设的各类资源，着力推进村级综合服务中心建设，积极推进党建、就业、社保、教育、卫生、民政、文体、法律等八项服务，切实提升乡村公共文化服务水平。（**注意学习这类范文的写作模式，有目标、有措施、有要求。**）

（四）围绕"治理有效"要求，打牢基层基础，健全乡村治理体系。一是加强**农村基层党组织建设**。选优配强村党支部书记，发挥其带头人的引领作用。定期选派第一书记到贫困村、软弱涣散村和集体经济薄弱村党组织，提升农村基层党组织的组织力（**正面讲抓组织**）。加强执纪监督，严厉整治惠农补贴、集体资产管理、土地征收等领域侵害农民利益的不正之风和腐败问题（**侧面讲抓执纪**）。二是提升**乡村德治水平**。强化道德教化作用，深入挖掘和宣传本县的乡村道德模范人物，发挥其激励和模范作用，引导农民群众向上向善、孝老爱亲、重义守信、勤俭持家。建立道德激励约束机制，引导农民自我管理、自我教育、自我服务、自我提高，并通过司法途径着力调解村与村之间、邻里之间、家庭之间的关系，实现邻里和谐、家庭和睦。广泛开展寻找最美乡村教师、医生、村干部、家庭等活动，宣传他们的典型事迹，弘扬真善美，传播正能量。三是加强农村法治建设。大力推进农村社会治安防控体系建设，推动社会治安防控力量下沉（**从技术层面讲**）。深入开展扫黑除恶专项斗争，严厉打击各类违法犯罪（**从活动层面讲**）。增强基层干部法治观念、法治为民意识，将政府涉农的各项工作纳入法治化轨道。加大农村普法力度，提高农民法治素养，引导广大农民增强尊法、学法、守法、用法意识。健全农村公共法律服务体系，加强对农民的法律援助和司法救助（**从普法层面讲**）。

（五）围绕"生活富裕"要求，加大改革创新力度，增强农业农村发展活力。一是强化科技支撑。积极推进现代特色农业示范区建设，引进推广新品种、新技术、新设备，加强"互联网+"在农业生产上的应用，用现代设施、装备、技术手段武装农业，大力发展高附加值、高品质的农产品，促进特色产业现代化、标准化、规模化发展。二是抓好产业扶贫。把产业扶贫作为脱贫攻坚的重要着力点，计划投资××亿元，开展扶贫产业项目××个，大力发展以种植优质稻、养猪、养鸡、种植柑橘、种植叶菜为特色优势产业，以养鹅和养牛为自选产业的"5+2"特色产业，努力构建"一镇一业""一村一品"的产业发展新格局，确保在今年，××个贫困村有1~3个优势产业，集体经济收入达××万元以上（**这个工作讲得比较具体，有投入、有措施、有目标，注意借鉴学习**）。三是拓宽增收渠道。大力推进"××回归"行动，精心组织开展"引家乡人建家乡"活动，通过加强产业建设，辐射带动更多的农民增收致富，增强农业农村发展活力，奏响乡村振兴新乐章。

形式先于内容
——工作汇报提纲的五种类型

▼

工作汇报是各级领导非常重视、高度关注的一种材料。无论是上级单位领导到本级单位调研检查，还是本级单位领导参加上级单位组织的重大会议活动，工作汇报都是必不可少的一环。工作汇报往往与实际所做工作互相印证，在某种程度上又高于工作，是对工作思路和经验的提炼总结。

正因如此，很多领导都习惯把实地考察与听取汇报结合起来，考量干部的思维能力、抓建能力和领导作风。事实上，能够出彩的工作汇报，一般也是有思路、有想法、有办法的。工作汇报常用的提纲有以下五种类型。

一是思路举措型。这是最常用的一种类型，其又可大致分为两种方式，一种是完全按照单位担负的职能来分列提纲，另一种是结合单位职能按工作思路来分列提纲。对于这两种方式，大家应该都比较熟悉，其关键是合并同类项和提炼文字，可以从以下几个例子中体会。

例一如下。

突出关键环节，切实把握廉洁从政、从严治政、依法行政、高效施政的着力点和落脚点。

一、当好"领头羊"，始终坚持廉洁从政

一是调高从政为官的标线。

二是夯实遵规守纪的底线。

三是守好干事创业的红线。

四是筑牢蜕化变质的防线。

二、管好"责任田"，始终坚持从严治政

一是树立鲜明的用人导向。

二是站稳坚定的政治立场。

三是增强牢固的规矩意识。

四是激发进取的工作状态。

五是给予真切的组织关怀。

三、念好"紧箍咒"，始终坚持依法行政

一是规范行政决策行为。

二是深化"两不"整治行动。

三是加大政务公开力度。

四、用好"快进键"，始终坚持高效施政

一是优化政府组织结构。

二是推进审批制度改革。

三是编制完善权责清单。

四是加强行政监督问责。

例二如下。

一、强化组织领导，构建完善责任体系

一是统筹部署强落实。

二是示范带动强落实。

三是督导联动强落实。

二、强力纠正"四风"，着力深化作风建设

一是持之以恒正风肃纪。

二是持续深化专项整治。

三是持续优化发展环境。

三、强化教育预防，深入推进源头治理

一是狠抓教育筑牢防线。

二是示范引领倡导清廉。

三是深入推进源头防腐。

四、深化纪律审查，持续高压惩贪治腐

一是全面推进纠风治乱。

二是着力化解信访问题。

三是持续高压惩贪治腐。

五、从严选用干部，选优班子建强队伍

一是严格遵循程序选好干部。

二是强化干部队伍培养使用。

三是大力加强干部管理监督。

六、着力铸造利剑，强化执纪监督问责

一是改革创新激发活力。

二是强基固本提升素质。

三是刀刃向内纯洁队伍。

二是特色亮点型。这里说的特色亮点主要有以下两个方面的含义：一个是工作上的特色和亮点，就是本级单位结合实际专门开展的某项活动，或者是落实上级单位采取的个性措施；另一个是在抓工作过程中的一些特色思路和做法，换句话说，工作还是那个工作，但思路和措施变了。比如，提炼出"五个一"计划、"六六"战略、"一二三四"工作法，等等。

例一如下。

一、实施两大计划，构建现代产业新体系

一是实施产业升级计划，推动产业结构调整。

二是实施企业成长计划，激发企业发展活力。

二、实施五大工程，打造制造业发展新引擎

一是实施创新工程，增强制造业发展内生动力。

二是实施智能工程，提升制造业劳动生产率。

三是实施服务工程，推动制造业向服务制造业转型。

四是实施强基工程，夯实制造业发展基础。

五是实施绿色工程，引领制造业高效低碳可持续发展。

三、完善三个体系，营造企业发展新环境

一是建立多元市场体系，拓展企业发展空间。

二是健全企业管理体系，改进企业管理模式。

三是完善政策服务体系，打造良好营商环境。

例二如下。

一、以理念创新为先导，坚持示范引领，努力营造派出所"软环境"
一是精心谋划部署。
二是示范引领推动。
三是落实督导检查。
二、以四项建设为契机，坚持软硬兼施，全力打造派出所"硬实力"
一是推进派出所建设。
二是加强警力保障。
三是提升基层人员待遇。
三、以民调评警为抓手，坚持群众满意，着力塑造派出所"外形象"
一是走访交流促沟通。
二是创新机制保民安。
三是优化服务赢满意。
四、以长远发展为目标，坚持内外兼修，致力增强派出所"内动力"
一是统一台账标志。
二是深化作风养成。
三是打造特色亮点。
四是注重素质提升。

例三如下。

一、始终思考维护核心的信念怎么守，只有追根溯源才能正本清源
一是坚持让信念服从信仰。
二是坚持用党性激发血性。
三是坚持靠风气带动正气。
二、始终思考结构改革的重任怎么担，只有观念转变才有体制改革
一是转身子必先换脑子。
二是穿新鞋必须走新路。
三是调结构必定改职能。
三、始终思考主业主抓的力气怎么用，只有工作创新才有成绩创造

一是抓导向，塑好新理念。

二是抓源头，下好先手棋。

三是抓突破，打好主动仗。

四、始终思考发展提升的根基怎么固，只有人才培育才有智力支撑

一是入营蹲苗要早。

二是上岗帮带要实。

三是履职补钙要足。

五、始终思考社会发展的险关怎么过，只有紧跟实际才能紧贴时代

一是让"正能量"引领"负效应"，过好网络侵蚀关。

二是让"供给侧"适应"需求侧"，过好教育失信关。

三是让"自留地"变成"责任田"，过好管理松软关。

上述两种提纲类型是较常使用的，除上述两种类型之外，还有三种类型，虽然它们不常用，但有一定的特色。

三是对标看齐型。这种类型主要适用于上级对某项工作落实情况检查时的工作汇报。这种类型提纲的标题就可以把上级明确的几项重点工作或者几类具体要求列出来。比如，上级党委提出要实施"清欠款，清冗员，清占房"的"三清"工作。在汇报时，可以分别对照"三清"工作梳理思路和对策。当然，还可能领导提出的不是工作，而是某项具体要求。对某项具体要求，这时就应采取引用的方式将其在提纲里体现出来，让听取汇报的领导一听就懂。

四是问题导向型。老笔头比较青睐这种类型，因为这种类型的提纲往往可以把特色做法和工作思路都写进去。当然，使用这种类型提纲的前提是对本单位存在的矛盾问题把握准确，不能大而全之、笼而统之。在具体行文上，可以旗帜鲜明地在标题处用"针对……的问题抓……"，或者"持续抓……着力解决……的问题"的句式。需要注意的是，这些问题应是带有一定普遍性、倾向性的重要问题，最好不是一些很具体、很细碎的问题，不然这篇工作汇报在层次上和指导性上都会大打折扣。

五是时间脉络型。这种类型的提纲一般适用于针对某项重点工作或重要活动的工作汇报。在提纲设置上，要以工作的关键阶段、重要环节为脉络，按照工作推进的顺序来汇报。比如成立机构、动员部署、展开推进、协调督导、阶段总结等。这样能让领导很清晰地把握整个活动的推进过程和各个关键环节的做法。

范文

聚焦三大关键性问题　推动经济高质量发展

在省委十三届三次全会上，××书记提出了努力在高质量发展道路上走在全国前列的奋斗目标。宜兴认真贯彻中央和省市要求，积极探索高质量发展道路，既取得了新成效，也遇到了新挑战。特别是在经济领域，宜兴集中面临"新旧动能如何转换""风险防控怎么到位""空间容量从哪里来"这三大关键性问题的考验。宜兴要在经济发展高质量道路上走在全国前列，就必须准确破题、找对答案。

第一，要答好"新旧动能如何转换"的问题。实现高质量发展，基本路径之一就是经济发展的动能转换。前几年，受各种因素影响，宜兴出现传统产业举步维艰、新兴产业增长乏力的局面：反映产业发展质量的主要指标，比如工业增加值率，宜兴只有 15% 左右，直接造成了地区生产总值等总量指标增长乏力、发展后劲不足的问题，迫切需要改造并提升传统动能、培育和壮大新的发展动能。为此，我们确立产业强市主导战略，以构建现代产业体系为目标，一方面针对占比超过 70% 的传统产业，以智能化、绿色化、服务化、高端化为发展方向，引导企业走兼并重组、战略合作、自主创新、资本运作之路，不断迈向产业链、价值链高端。例如我市一家原本濒临倒闭的平板玻璃企业，由于工艺技术落后，缺乏市场竞争力，企业基本停产，6 亿多元的银行贷款即将计入不良贷款。在没有办法的情况下，政府出面协调，引进央企中国建材集团有限公司进行资产重组。为什么找中国建材集团有限公司？因为中建材一有技术，二有市场。中国建材集团有限公司团队进驻以后，对原有企业进行了全面技术改造，2017 年当年即实现赢利，而且当年就纳税 2000 多万元，在技术改造的同时，又通过技术创新生产出了国际领先、厚度小于 2 毫米的光伏玻璃，今年更将追加投资 10 亿元。另一方面，瞄准集成电路、新能源、旅游等新兴产业，以招引重大项目为主抓手，加快培育新的增长极。如集成电路产业，我们抓住无锡市实施重振集成电路产业发展计划的机遇，立足自身产业基础，充分发挥与国企、央企合作的优势，成功引进总投资 30 亿美元的集成电路用大硅片项目，实现了战略性新兴产业的重大突破。又如旅游产业，为改变"低小散"的发展模式，我们与代表国内旅游业界较高水平的乌镇团队合作，引进总投资 210 亿元的宜兴国际旅游度假区和健康生态产业园项目，以旅游产业的供给侧结构性改革，促进宜兴的生态优势加快转化为发展动能。同时，我们把科技人才作为引领发展的第一动力，着力破解宜兴作为县级市而人才资源不足的难题。通过与江南大学共建宜兴研究生院、与国内外知名高校深入合作等方式，加大高层次人才引育力度；通过强化职业院校建设，培养更多技能型人才，为建设现代化经济体系提供人才支撑。

第二，要答好"风险防控怎么到位"的问题。经济发展阶段的转换期往往是矛盾风险的凸显期。2014 年起，宜兴在化解过剩产能问题、调整经济结构的过程中，企业金融风险也随之爆发。少数企业经营不善，资金链、担保链断裂，引起了金融市场的连锁反应，不良贷款大量增加，银企之间失去互信，甚至出现少数企业业主恶意逃废债务的现象。上级金融监管部门和银行机构一度把宜兴列为金融风险的重点关注区，信贷投放连年减少，大量企业持续"失血"。宜兴规模以上企业的数量，从 2014 年年底的 943 家降到 2016 年年底的 871 家，两年净减少 72 家。不解决好金融这个经济的血液问题，高质量发展就无从谈起。为化解风险，我们抓了以下 3 项重点工作。一是把依法打击恶意逃废债务行为作为主要抓手，重拳出击、真打实打，一年多来，共立案查处相关案件 75 起，抓获犯罪嫌疑人 77 人，挽回经济损失 3.8 亿元，查获隐匿资产 6.1 亿元，实现了"打击一个、震慑一片、稳住一批"的效应。二是把加强诚信体系建设作为治本之策，建设"一库一网一平台"，完善守信激励和失信约束机制，在经济领域乃至全社会，重塑了诚信守法的良好环境。三是把强化政府协调作为重点环节，牵头组建贷款周转资金、协调银行组建银团、联合授信，稳定银行贷款规模，建立政银企良性互动机制，使不良贷款率从最高时的 6.18% 降到去年年底的 2.3%，今年，我们有信心将其降到 2% 以下。全市金融生态明显好转，银行支持宜兴发展的信心全面恢复。去年，宜兴本外币贷款余额新增 125 亿元，其中 90 亿元注入了实体经济，一举扭转了实体经济新增信贷连续 5 年明显回落的不利局面，实现了经济与金融的良性循环，为高质量发展奠定了基础。

第三，要答好"空间容量从哪里来"的问题。宜兴地处太湖上游，超过 1/3 的市域面积为生态红线区域，发展空间、环境容量都很有限。加之经过几十年的发展，宜兴产生了一大批低层次、低效益的传统产业，发展空间、环境容量趋于饱和。对此，我们立足全省生态保护引领区的定位，重点做好淘汰落后产能和盘活闲置资源"两篇文章"，推动土地开发由粗放型向集约型转变，环境利用由高消耗向可持续转变，尽力腾出空间容量、彰显资源价值。一手抓落后产能淘汰，2007 年起，宜兴连续 10 年相继关停大批化工企业，使其数量从起初的 1200 多家降到 2016 年年底的 567 家。在此基础上，去年结合落实省"263"专项行动，我们又制定了"两年再关停 250 家以上化工企业"的目标，并设立 2.5 亿元专项奖补资金，去年一年内就关停化工企业 141 家，2018 年确保再关停 110 家；同时，大力开展印染、水泥等行业的专项整治，关停了一批存在重大环境风险、安全隐患的企业，腾出了大量的土地空间和环境容量。一手抓闲置资源盘活，我们把前一轮破产企业闲置的土地，作为宝贵的发展资源，重点承接能耗低、排放少、产出高的新企业、新项目，最大限度节约集约用地。像去年实施的 3 个新能源项目，加起来总投资超过 100 亿元，一共才新增用地 28 亩，盘活了闲置土地、厂房等资源，以极小的环境资源代价承载了更高质量的发展。

下一步，我们将认真贯彻 ×× 书记对无锡发展"三个走在前列"的要求，认真落实好今天会议的精神，努力在高质量发展中展现更大作为，为推进"两聚一高"新实践、建设"强富美高"新江苏做出更大贡献！

老笔头点评

全文围绕三大问题进行阐述，针对性较强，行文逻辑明晰，案例具体翔实，措施讲解到位。

庖丁解牛

——以"不忘初心、牢记使命"主题教育情况汇报为例

▼

本节将以"不忘初心、牢记使命"主题教育情况汇报为例,详细介绍工作汇报的写法。

以强烈的自我革命精神推动主题教育走深走实

——"不忘初心、牢记使命"主题教育情况汇报

(标题采用"主标题 + 副标题"的形式。主标题体现了习近平总书记在中央政治局第十五次集体学习时的重要讲话精神,做到了与中央对标对表。)

中共 ××××× 党组
(2019 年 7 月 ×× 日)

省委"不忘初心、牢记使命"主题教育工作会议召开以来,中共 ×× 党组把抓好主题教育作为当前最重要的政治任务,深入贯彻落实中央和省委的部署要求,自觉以强烈的自我革命精神,推动主题教育扎实深入开展。在省委第 ×× 巡回指导组的指导下,党组于 6 月 ×× 日召开主题教育工作会议,对全厅系统主题教育做了动员部署。截至 7 月 ×× 日,厅直 ×× 家单位已全部召开主题教育工作会议,并按照实施方案的要求有序推进,实现了主题教育的稳妥起步、良好开局。(引

言部分开门见山，删繁就简，去掉了"主题教育是……的重大举措，是……的迫切需要"之类的谈认识的话语，篇幅虽短但要素齐全，简明扼要地概括了总体情况。）

一、坚持提质增效，突出"实"字抓谋划

中央主题教育工作会议对"提高主题教育质量"做了特别强调。党组深刻认识到，要提高主题教育质量，关键在于思想要求实、方案要扎实、措施要务实，决不能上下一般粗，不"消化"，不"加工"，囫囵吞枣式地抓"贯彻"。（**这里主要是谈认识、摆观点，采用了以虚率实的写作手法。**）为此，在主题教育谋划中，党组着眼一个"实"字，着重把握以下三条原则。

一是既符合中央要求，又体现行业特色。比如，在学习教育上，编印了革命传统教育、先进典型事迹、攻坚克难案例、形势政策、警示教育案例五个系列读本，以及新时期××工作方针、本系统先进人物事迹等具有行业特色的辅助资料，进一步丰富了学习教育内容。再如，在中央提出"五个专项整治"的基础上，有针对性地增加整治基层党组织软弱涣散的问题、整治"三大攻坚战"中措施不实和工作不力的问题、整治机关服务意识不强和行政能力不足的问题三项内容，使之更加贴合行业实际。

二是既在宏观上有指导性，又在微观上有操作性。比如，在落实"四个贯穿始终"重点措施上，采用图表形式制订"学习教育、调查研究、检视问题、整改落实"专项工作计划，通过对内容细化、步骤分解、节点划定，使之"具体化、清单化、流程化"，防止发散走神、跑偏走向。再如，在践行"守初心、担使命，找差距、抓落实"的总要求上，结合主抓业务和职能职责，赋予"初心"和"使命"特定内涵，让党员干部拥有更直观、更实在的认知，明白从哪里找差距、如何抓落实，防止"空对空""两张皮"。

三是既着眼解决思想问题，又注重解决实际问题。比如，在聚焦中央列出的八个方面的突出问题的同时，本着"切口小、发力准、见效快"的原则，针对自身思想工作的实际情况，着重朝着学习劲头不足、担当精神不够、责任意识不强、自我要求不严等思想根本问题集中发力，并拿出可落地、可量化、可考核的解决措施。再如，在推进措施上，要求把主题教育同落实中央部署的正在做的事相结

合、同打好"三大攻坚战"相结合、同抓好本职业务工作相结合，着力在解决实际问题上下真功、出硬招、见实效。（**上述内容没有采用常规的逐条陈述的方法，而是巧妙地通过撷取几个点，把自身抓主题教育的特色做法展示出来。**）

二、坚持以上率下，突出"先"字抓引领

中央要求，各级党组织和党员领导干部首先要抓好自身的教育，做出表率，防止只抓下级、不抓自身。党组认为，行动是最好的示范。作为全系统主题教育的"司令部"，只有党组班子走在前、作表率，才能为基层做出样子、立下尺子。（**这里也是谈认识、亮观点，并且使用了"接地气"的口语。**）为此，党组坚持做到"四先"，在从实从细抓自身中，引领带动全系统主题教育的开展。

一是在学习教育上"先学"。本着"先学一步、多学一些、深学一层"的原则，采用集体学习与个人自学相结合、观看视频与研讨交流相结合的方法，通过组织理论学习中心组学习、举办干部读书班、邀请专家做辅导、分专题开展研讨等方式，深入学习《习近平新时代中国特色社会主义思想学习纲要》《习近平关于"不忘初心、牢记使命"论述摘编》以及编印的五个系列读本，切实在读原著、学原文、悟原理上下功夫，努力实现"理论学习有收获"的目标。截至 7 月 ×× 日，共组织理论学习中心组集体学习 ×× 次，举办干部学习班 ×× 期，接受专家辅导 ×× 次，开展专题研讨 ×× 次（**用数字说明**）。

二是在调查研究上"先行"。聚焦自身存在的突出问题、群众反映强烈的热点难点问题、全系统党的建设面临的紧迫问题，针对工作中的弱项和短板，列出 ×× 个专题，由党组班子成员带队开展深入调研，努力使调查研究的过程成为干部加深对党的创新理论领悟的过程，成为密切同人民群众的血肉联系的过程，成为推动事业发展的过程。要求把改进调研作风作为一项纪律来执行，坚决防止和杜绝"出发一车子、开会一屋子、发言念稿子"式的扎堆调研、"作秀式"调研。目前，已有 ×× 名党组班子成员完成调研，正在对调研成果进行梳理，开始起草调研报告，其余 ×× 名同志也将于 7 月 ×× 日前完成调研。在调研的基础上，党组主要负责人于 7 月 ×× 日，带头为全厅系统 ×× 名县处级以上干部讲了专题党课；×× 名党组班子成员也分别在联系单位和分管处室讲了专题党

课（用实例和数字说明）。

三是在检视问题上"先做"。在抓好学习教育和调查研究的同时，采取召开专题座谈会、设立意见箱、登门走访业务联系单位和服务对象、发放意见征集表、开通专线电话、关注网站及公众号留言、公布电子邮箱等措施，一体式推进检视问题。截至目前，共召开专题座谈会 ×× 次，走访业务联系单位和服务对象 ×× 家，发放意见征集表 ××× 份，收集汇总留言及意见 ××× 条（**用数字说明**）。在此基础上，通过上级点、互相帮、集体议等方式，结合省委巡视、干部考察、工作考核等情况以及系统内发生的典型案例，班子共同对问题进行深入检视。经过梳理归纳，共征集意见 ×× 条、检视问题 ×× 个，为整改提供了精准靶向。

四是在整改落实上"先改"。按照中央"边学边查边改""把'改'字贯穿始终"的要求，对调研发现的问题、群众反映的问题、自身找到的问题、上级点出的问题，列出清单、建立台账，逐条研究制定具体的解决办法和整改措施。在此基础上，本着即知即改、立行立改的原则，对能够当下改的，明确时限和要求，在最短时间内整改到位；对一时解决不了、需要长期用力的，盯住不放，持续整改，坚决防止纸上整改、虚假整改。截至 7 月 ×× 日，已整改问题 ×× 个，其余的 ×× 个问题已拿出整改措施，将按计划进行整改（**用数字说明**）。

三、坚持真督实查，突出"严"字抓指导

在抓好党组班子自身教育的同时，加大对厅机关及下属单位主题教育开展的指导，坚决防止和杜绝敷衍应付、走形变样等问题发生。为此，党组注重做到"三严"。

一是在压实责任上求"严"。要求厅属各单位党委稳稳扛起主体责任，成立领导机构和工作机构，排除干扰、集中精力抓主题教育。对厅机关的主题教育，明确机关党委牵头抓总，并从人事、纪检等部门抽调专人组成专班，负责日常工作的组织实施。同时，明确厅属单位党委书记"第一责任人"责任和班子成员"一岗双责"责任，切实把任务分解压实，把压力传递到位。经检查，厅系统 ×× 个单位党委，全部成立了主题教育领导小组和办公室。

二是在巡回指导上求"严"。成立 ×× 个主题教育巡回指导组，由党组班子成员分任组长，于 6 月 ×× 日至 7 月 ×× 日，采取随机抽查、走访谈话、参阅资料

等方式，对机关 ×× 个处室、厅属 ×× 个单位的机构设置、责任落实、学习教育、调查研究、问题检视、整改落实等情况进行巡回指导，共发现学习教育不深、调查研究不细、检视问题不够等问题 ×× 个，下发整改通知单 ×× 份、公开通报 ×× 份（**用数字说明**），力保主题教育严格按照中央和省委的要求不变形、不走样。

三是在作风纪律上求"严"。 出台了巡回指导工作"六不准"禁令，公布了监督举报电话，明令要求指导组成员严格执行中央八项规定精神和党风廉洁相关规定，不得搞层层陪同，不得增加基层负担，不得对群众造成干扰。同时，开办了巡回指导工作培训班，在工作职责、工作方法、工作纪律、工作作风上做出明确规定，并制定了追责问责办法，确保巡回指导做到高标准、严要求。

四、坚持出新求变，突出"活"字抓示范

思路新才能方法活，方法活才能效果好。党组在抓主题教育时，注重在创新形式、搞活方法、做实载体上下功夫，力求出新、出彩、出亮点，为全系统树样板、做示范。

一是把形式搞活。 在不折不扣完成"规定动作"的同时，鼓励机关处室和厅属单位结合实际，推出具有自身特色的"自选动作"，通过创新形式增强主题教育的针对性和感染力。×× 局党委把学习教育的课堂搬到 ×××× 革命烈士纪念馆，组织班子成员在缅怀革命先烈中滋养初心；×× 局党委邀请全国道德模范 ××× 做专题报告，在对照先进典型、身边榜样中感悟初心；×× 局党委组织班子成员"重走先辈创业路"，在感受奋斗艰辛中回望初心；×× 局党委组织机关百名党员干部走一线、下基层，在靠前服务群众中践行初心（**用实例论证，增强说服力**）。

二是把方法搞活。 在宣传引导上，改变学文件、读报纸、挂标语等常规方法，借助现代融媒体技术，在门户网站、微信公众号上开设"主题教育进行时""主题教育大家谈""主题教育我先行"等栏目，通过微视频、动漫、图片等生动形象的方式，集中展示全系统主题教育中的好做法、好经验、好典型。自主题教育开展以来，已推送发布相关信息 ×× 条。在调查研究上，改变传统的召开座谈会、听汇报、查资料等方法，直接到基层最一线，到问题和矛盾突出的最前沿，在现场捉"活鱼"、捞"干货"，有效防止了情况失实、信息失真的

问题。在检视问题上，改变过去坐等意见反馈的做法，主动走上门去听取基层群众和服务对象的意见。**（这部分内容都在介绍实在具体的措施，使人感到信服。）**

三是把载体搞活。为了防止主题教育虚化、空洞化，党组一方面在班子中开展"守初心落到实处、担使命走在前列"主题实践行动，以此作为具体抓手和载体；另一方面要求机关处室和厅属单位把主题教育与基层党建工作相融合、与抓好业务工作相融合，结合实际，选择看得见、摸得着的有形载体，推动主题教育走深走实。××处支部结合行政事项审批工作，要求党员全部佩戴党徽上岗，设立"党员示范窗口""党员先锋岗"，成立"党员服务小分队"，为办事群众提供"店小二"式的服务；××局党委在临街的基层单位设立"党员驿站"，与街道社区联手共建"党员志愿服务联盟"，帮助辖区群众解决生活中的操心事、烦心事；××局党委结合主题教育，成立"党员爱心帮扶团"，定期去定点的贫困村开展帮扶活动**（用实例支撑，增强说服力）**。

总结主题教育开展情况，全系统虽然整体进展较为顺利，但厅属单位之间不平衡、不同步的问题比较突出，特别是学习教育在"往深里走、往心里走、往实里走"上还有一定差距，真正能拿得出、立得起、叫得响的典型和经验还欠缺，这些都需要引起高度重视，用心用力加以解决。**（这部分内容对存在的问题加以概述，由于篇幅有限，不再展开细说。）**

按照中央和省委的总体部署，主题教育目前已到棋到中盘、赛至中场的时间节点。下一步，党组将坚决落实"牢记初心和使命，推进党的自我革命"的要求，认真总结前期经验，深入查找问题和不足，既当好主题教育的组织者，又当好主题教育的参与者，着力在精学细研、深挖细照、真整实改、严督实导上下功夫，力度不减地把全系统主题教育抓紧抓好、抓实抓细，确保取得实实在在的成效，实现五个具体目标。**（这部分的内容有两种写法。一种是现在这种简写的方法，因为是工作汇报，所以应将着墨的重点放到对工作的总结陈述上，下一步的工作计划可以不写或者略写；还有一种写法是，对下一步的工作计划进行具体陈述，这样的好处是汇报更加全面系统，但缺点是会拉长公文的篇幅，如果处理不好还会喧宾夺主，影响前面总结部分的效果。具体采用哪种形式，可根据上级要求和自己的需要来取舍。）**

第三章

述职报告

成竹于胸
——十一种述职述廉报告的写法

▼

　　述职报告主要是下级向上级、主管部门和下属群众陈述任职情况，包括履行的岗位职责，完成工作任务的成绩、缺点问题、设想等内容，从而进行自我回顾、评估、鉴定的书面报告；也是任职者陈述自己的任职情况，评议自己的任职能力，接受上级领导考核和群众监督的一种应用文，具有汇报性、总结性和理论性。

　　本节将从经典案例入手，着重展示十一种述职述廉报告的具体写法。

一、市委常委会班子工作报告

（一）导语

　　今年以来，在上级党委的坚强领导下，市委领导班子团结带领全市上下，以迎接党的十九大召开和学习贯彻十九大精神为主线，深入贯彻省委决策部署，不忘初心，砥砺奋进，改革创新，狠抓落实，克服了×××自然灾害等各种困难和不利因素影响，全市经济、政治、文化、社会、生态文明建设和党的建设取得新成就。现将市委领导班子的工作情况报告如下。

（二）结构

一、坚定看齐核心，凝聚强大合力
（一）科学谋划，提升发展思路
（二）把握形势，提振发展信心
我们着力从三个方面提振发展信心。
一是把握政策机遇。
二是发挥自身优势。
三是全力推进工作。

（三）强化措施，破解发展难题

一是强化资金保障。

二是推进招商引资。

三是加强社会建设。

四是优化发展环境。

二、紧抓第一要务，加快发展步伐

始终紧抓发展第一要务不动摇、不偏向、不松劲，精心谋划，攻坚克难，县域经济发展呈现"速度加快、总量壮大、质量提升、后劲增强"的良好态势。

（一）始终突出产业发展

（二）始终突出城乡建设

（三）始终突出民生改善

三、加强社会管理，维护大局稳定

（一）坚持维护稳定，推进社会防范

一方面，创新矛盾纠纷化解机制，构建"大化解"格局。另一方面，创新社会治安管理机制，构建"大防控"体系。

（二）坚持重心下移，深化基层民主

（三）坚持全面发展，推进全面管理

一是优化流动人口管理。

二是推进法治建设。

三是加强精神文明建设。

四、坚持改革创新，全面从严治党

坚持改革创新，全面加强党的思想、组织、作风和制度建设，提高科学决策、民主执政、依法执政的能力水平，为经济社会发展提供坚强的政治和组织保证。

（一）加强思想政治建设

（二）加强领导干部队伍建设

（三）加强基层组织建设

（四）加强党风廉政建设

五、加强自身建设，强化发展保障

（一）坚持加强学习

一是完善学习制度。

二是丰富学习内容。

三是增强学习效果。

（二）坚定政治立场

一是坚持正确的政治方向。

二是坚持加强党性修养。

三是坚持党的民主集中制原则。

（三）坚持务实为民

一是树立正确的政绩观。

二是注重统筹兼顾。

三是注重亲力亲为。

（三）结语

一年来，×××经济和社会发展取得了长足进步，这得益于党的创新理论，特别是习近平新时代中国特色社会主义思想的科学引领，得益于上级党委、政府的正确领导和大力支持，得益于全市人民的团结拼搏和艰苦奋斗。但是我们深知，与上级党委的要求和全市人民的希望相比，我们的工作还存在着不少差距：全市经济总量偏小，发展不平衡、不充分的问题仍然很突出，欠发达的基本市情没有发生根本改变；产业发展层次较低，经济发展方式尚未根本转变，制约发展的体制机制问题还有待解决；党的建设还存在薄弱环节，一些党员干部的能力素质还不能适应新形势新任务的要求，作风建设有待一进步深化；等等。对这些问题，市委常委会将认真研究，在今后的工作中切实加以解决。

二、市委书记述职述廉报告

（一）导语

一年来，我认真带班，勤奋工作，从严律己，与班子成员一道，看齐追随核心，把握全市大局，抓住发展要务，协调各方关系，从严管党治党，推动了经济社会高质量发展，确保了社会大局和谐稳定。

（二）结构

一、坚持以加快发展为"第一要务"，经济发展加速提质

一是着重抓工业。

二是着重抓项目。

三是着重抓生态。

四是着重抓基础。

二、坚持以关注民生为"第一要义"，社会保障能力稳步提升

三、坚持以维护稳定为"第一责任"，平安建设迈上新台阶

一是重拳整治社会治安环境。

二是着力扭转信访被动局面。

四、坚持以人民满意为"第一追求"，时刻发挥勤廉表率作用

一是自觉学习，提升能力。

二是狠抓执行，提高效能。

三是维护团结，凝聚合力。

四是廉洁自律，接受监督。

（三）结语

一年来，我虽然取得了一定的工作成绩，但对照中央精神和省委要求，对照群众对美好生活的向往，我深感自己的工作与之还有较大差距，工作中还有很多需要改进的地方。比如，思想解放不够彻底，推动工作办法不多，安全生产重视不够，转变作风顾忌太多，反腐倡廉深挖不够，批评同志言词过重。请各位老领导、各位同事、各位同志如实地评价我，真实地批评我，严格地监督我。我一定虚心接受，诚心改正，自管自励，克服不足，以更加饱满的工作热情和更加务实的工作态度，不忘初心，鞠躬尽瘁，不惜牺牲个人利益、家庭利益，与班子成员一道，与全市人民一道，为实现我市经济的跨越发展和社会全面进步做出新的贡献。

三、市长述职述廉报告

（一）导语

回顾一年来的学习和工作，我感到既有收获、有所进步、有些成绩，同时也深切地感到自己的工作不尽如人意，离上级和组织的要求、与人民对美好生活的向往仍有不小的差距。下面，我将从四个方面进行报告。

（二）结构

一、坚持勤学善思，提升领导能力

一是注重政治理论学习。

二是注重政策法规学习。

三是注重业务知识学习。

四是注重在实践中学习。

二、坚持对党负责，抓好班子建设

一是带头执行党的民主集中制。

二是自觉接受监督。

三是认真履行廉政建设责任。

三、坚持任劳任怨，忠实履行职责

一是经济得到发展。

二是工业强县建设稳步推进。

三是脱贫攻坚实现新突破。

四是重大项目建设取得新进展。

五是社会事业得到进一步发展。

四、坚持严格要求，做到廉洁自律

我作为政府党风廉政建设的第一责任人，在工作和生活中，进一步增强自律意识和自我约束能力，坚持做到慎权、慎欲、慎微、慎独，坚持做到严于律己、以身作则、以俭为荣，使自己堂堂正正做人、踏踏实实做事、清清白白做官。

（一）坚持严于律己

（二）坚持严守准则

（三）坚持严管亲友和下属

（三）结语

在看到成绩的同时，我也清醒地看到个人的学习及工作中存在的不足，如学习系统性不强；平时忙于事务，深入群众、深入企业、深入建设一线的时间还是偏少，密切联系群众、深入了解群众困难和需求方面还做得不够；我市的经济发展仍存在突出的问题，安全生产、环境保护等任务仍然很重；自己的工作方法有些简单，甚至偶尔显得粗暴，严格要求下属还做得不够；等等。对于这些不足，我会在今后的工作中进一步总结经验，不断学习，采取更加切实有效的措施，认真加以解决。

四、市委副书记述职述廉报告

（一）导语

在市委的领导下，我努力学习，勤奋工作，遵章守纪，较好地履行了工作职责，取得了一定的成绩。

（二）结构

一、注重提高思想水平

一是学政治理论，提高思想境界。

二是学业务知识，提高领导水平。

三是学实践本领，提升工作能力。

二、注重认真履行职责

一是深入开展调查研究，提高工作效能，为市委决策当好参谋。

二是解放思想，大胆创新。

三是不尚空谈，扎实工作。

四是不畏艰难，敢于任事。

三、注重坚持党性原则

我的组织观念和全局意识较强，我能自觉摆正位置，不争名、不争权、不争利，不计较个人的得失。

四、注重加强廉洁自律

一是增强紧迫感和责任感。

二是廉洁自律。

三是勤政为民。

（三）结语

但严格解剖自己，我还存在许多缺点和不足，主要表现在：学习的系统性、计划性、针对性不强；工作方法不当；清廉自律方面尚有不足。这些问题的存在，说明我的马克思主义理论水平还不高，个性修养还有缺陷。今后，我将不断加强学习，学深悟透习近平新时代中国特色社会主义思想，用其中蕴含的马克思主义世界观、方法论改造自己的主观世界，解放思想，履职尽责，不断改进工作方法，自觉遵守党的纪律，防微杜渐，自觉抵制和纠正不正之风。

五、市纪委书记述职述廉报告

（一）导语

作为党的一名执纪领导干部，我深知自己在落实全面从严治党主体责任、推进反腐败斗争中肩负的重任。一年来，我一直告诫自己，打铁还需自身硬，治腐还要敢较真，勤勤恳恳地工作，扎扎实实地工作，干干净净地工作，为构筑风清气正的政治生态和发展环境尽一份力。现将履职和廉政情况汇报如下。

（二）结构

一、履行工作职责的情况

（一）担任纪委书记的履职情况

一是注重抓宣传教育。

二是注重抓作风建设。

三是注重抓信访处理。

四是注重抓监督检查。

五是注重抓环境优化。

六是注重抓案件查办。

七是注重抓自身建设。

（二）担任市委常委的履职情况

二、自身建设的情况

不管是在纪委书记岗位，还是作为一名市委常委，我都能够坚持廉洁自律，遵守各项规定。

一是勤政好学。

二是维护大局。

三是廉洁自律。

（三）结尾

回顾一年来的工作，在领导的关怀和同志们的支持下，我做了一些有益的工作，但在理论学习上还不够深入、系统，工作离党和人民群众的要求还有很大差距，这些都有待进一步改进。在今后的工作中，我将发扬优点，弥补不足，扎实工作，积极进取，努力取得令群众和组织满意的工作实绩。

六、市委秘书长述职述廉报告

（一）导语

回顾一年来的工作，我始终坚持以行政先谋、廉洁从政作为自己的行为准则，认真履责、主动作为。现将一年来的履职情况报告如下。

（二）结构

一、学以致用，一心一意谋发展

一是认真学。知识产生智慧，实践增长才干，创新推动工作。

二是用心谋。"出主意，当参谋"是办公室主任的首要工作职责。第一，围绕全市经济社会发展大局和市委中心工作，积极开展调研活动。第二，力求文稿起草出精品，充分发挥了文稿的政要服务作用。第三，抓住与决策相关的焦点和热点问题，着力开发有分析、有建议的深层次的信息资源。

二、忠诚至上，聚精会神抓落实

一是树权威，促落实。

二是抓重点，促落实。

三是重服务，促落实。

三、廉洁自律，不折不扣遵"三不"

一是不打牌。

二是不经商。

三是不收礼。

（三）结尾

尽管我努力勤勉工作，但是与党和人民的要求相比，还有很大的差距，主要表现在：工作的执行力不强，特别是创造性地开展工作的办法不多；廉洁自律的标准不高，在一定程度上存在明哲保身的嫌疑等。对于这些问题，我都必须在今后的工作中认真加以整改，切实予以解决。

七、市委组织部部长述职述廉报告

（一）导语

一年来，我不断加强学习，认真履行职责，当好参谋助手，严格要求自己，做了一些力所能及的工作。

（二）结构

一、始终把党员干部的思想政治建设放在首位

一是围绕增强群众观念、密切党群干群关系，深入开展党建连心工程。

二是围绕坚定理想信念，深入推进"两学一做"学习教育常态化、制度化。

二、紧紧抓住干部执行力建设这条主线不放松

一是开展大规模干部培训，提升干部素质。

二是深化干部人事制度改革，选优配强。

三是积极推进绩效考核，引导干部干事创业。

四是通过健全机制制度，加强干部监督。

三、积极推进党的基层组织建设

一是健全基层组织网络。

二是建强基层党组织带头人队伍。

三是抓好基层组织建设示范点。

四是扩大"两新"组织覆盖面。

五是加强党的建设基础性工作。

四、在适应发展中谋划人才工作

五、尽职、不越位，做好分管和联系的各项工作

六、自身建设丝毫不敢懈怠

一是一直没有放松对知识的学习。

二是把品行修养当作人生一堂重要的必修课。

三是时刻不忘廉洁自律。

（三）结尾

一年来，我的一些工作存在不足：干部人事制度改革步伐不大，基层党员作用的发挥还有待加强，抓落实力度还不够，工作中为难情绪时有抬头，廉洁上虽然没有大的原则问题，但小节问题也有发生。在今后的工作中，我应牢记失误、经验、教训，不断奋勇前行。

八、市委宣传部部长述职述廉报告

（一）导语

我主要分管全市宣传思想工作和社会主义精神文明建设工作。一年来，我牢记党管宣传、党管意识形态的原则和定位，着眼为全市经济社会发展提供思想保证和舆论支持，认真履职尽责，努力干好工作，取得了一些成效，但也深感工作中还有很多不足和疏漏。现就一年来的履职和廉洁自律情况报告如下。

（二）结构

一、勤勉工作，尽职尽责

（一）宣传思想工作在改革创新中开创了新局面

（1）始终坚持正确的舆论导向。一是围绕全市工作大局和各个阶段的中心工作扎实开展新闻宣传、社会宣传、文艺宣传、理论宣传活动。二是大力加强对全市党员干部群众的思想道德教育。三是及时抓好舆情引控工作。

（2）着力为全市经济社会创新发展加油鼓劲、凝心聚力。一是加大对外宣传推介我市的力度。二是内宣工作紧紧围绕全市发展战略、发展目标、各个阶段的工作重心。三是牢牢占领和巩固了城乡宣传阵地。

（3）扎实推进全市各级党组织的思想政治建设水平的新提高。一是加强制度建设。二是以抓好市委理论学习中心组学习为龙头，带动各级理论学习中心组的学习。三是广泛开展理论大宣讲。四是加强理论调研。五是开展"读书月"活动。

（4）大力推动全市文化大发展、大繁荣。一是加强文化基础设施建设。二是开展一系列影响大、带动力强的品牌文化活动。三是扶持、鼓励文艺创作。四是加强队伍建设。五是净化社会文化环境。

（5）广泛开展群众性精神文明创建活动，成功创建省级文明城市。一是突出城市建设、城市管理和市民素质提升三个重点。二是加强思想道德建设。三是广泛开展文明单位、文明村镇、文明社区、文明户等群众性精神文明创建活动。

（二）旅游、教育、科技、卫生工作长足发展，成绩斐然

（1）旅游业从无到有、从小到大，迅猛发展。

（2）教育事业稳步发展。一是实施教育强市发展战略。二是顺利通过"两基"国检和省"教育两项督导评估考核"。三是教育质量逐年提升。

（3）科技、卫生工作的成绩进入全省先进行列。

（4）认真完成了市委分配的其他工作。

二、提升素质，清廉从政

（一）始终注重学习

（二）始终敢于负责

（三）始终维护权威
（四）始终严于律己

（三）结尾

一年来的市委宣传工作，尚存在许多缺点和不足。一是由于对工作要求高，我在工作推进过程中有时对同志批评得多、表扬激励得少，致使有的同志一时难以接受，觉得工作压力大。二是改革创新不够，宣传思想工作面临着新形势、新变化、新任务，尚有一些难题需要去破解，许多工作需要强力推进。三是我还需要不断加强学习，提升工作能力和水平，以适应新形势、新要求。今后，我将进一步加强学习，进一步改进工作作风，进一步提升工作能力和水平，进一步廉洁自律，继续发扬敢于担当的精神，努力工作，做出更好的成绩，不辜负组织、同志与人民群众的信任和支持。

九、市委统战部部长述职述廉报告

（一）导语

一年来，我恪尽职守，务实创新，勤政为民，较好地完成了所分管和联系的统一战线、新城建设、全市非公有制经济发展工作等各项任务。同时，我能严格遵守党政领导干部廉洁自律的有关规定。

（二）结构

一、抓自身强素质，努力提升个人履职能力
（一）加强学习，夯实廉政勤政思想基础
（二）学以致用，自觉转化理论学习成果
二、抓创新促发展，务实推进各项主管工作
（一）统一战线工作
（1）立足转变工作方式，着力在体制机制保障上求新。
（2）立足彰显独特优势，着力在服务发展模式上求新。
（3）立足加强联络联谊，着力在促进引资引智上求新。

（4）立足挖掘统战潜力，着力在做活文化统战上求新。

（二）新城建设工作

（1）机制体制逐步完善。

（2）征拆安置克难奋进。

（3）重点项目强力推进。

（4）发展环境不断优化。

（三）全市非公有制经济发展工作

三、抓廉政严自律，自觉筑牢反腐倡廉防线

（1）在严于律己中把握底线。

（2）在接受监督中保持本色。

（3）在团结协作中建强队伍。

（三）结尾

以上述职内容如有不当之处，请批评指正。

十、市委政法委书记述职述廉报告

（一）导语

一年来，在市委的坚强领导下，我始终坚持把加强和创新社会治理作为一切工作的中心，以提升人民的获得感、幸福感、安全感为目标，认真学习，恪尽职守，廉洁自律，为全市经济社会的创新发展贡献了一份力量。

（二）结构

一、一年来的主要工作

一是摘掉一个"帽子"，综治工作前移了三个"位子"。

在体制机制上，我提出构建"四个一"的综治大格局："狠抓一把手"，签订责任状和军令状，进一步明确"一把手"责任；强化"一张票"，充分发挥一票否决在考核中的作用；"完善一机制"，建立和完善以考核奖惩机制为主要内容的综治工作机制；"落实一保障"，从组织、经费、力量等方面保障综治工作的开展。

二是围绕一个中心，全市社会大局没有出大的乱子。

三是加强一个建设，基层基础设施改变了落后的样子。

四是创新一项管理，为平安建设找准了路子。

五是构建一个局面，政法系统奏响了和谐共进的曲子。

二、个人党性及勤廉情况

一是坚持历练党性。

二是坚持勤政廉政。

（三）结尾

我深知自己的工作与组织和群众的期盼还有较大差距，自己在学习、主观世界的改造、体制机制的创新等方面还存在许多不足。今后，我将更加严格要求自己，不断充实自己，不负组织重托和人民厚望，为我市经济社会发展做出更大的贡献。

十一、市政府常务副市长（常委）述职述廉报告

（一）导语

我就一年来的学习、工作及廉洁自律情况报告如下。

（二）结构

一、加强理论学习，努力提升自身素质和工作能力

一是正确贯彻执行党的路线、方针、政策，认真落实省委、市委的各项重大决策，并结合实际，创造性地开展工作；二是在工作中牢牢把握大局，正确处理改革发展和稳定的关系，努力推进各项工作协调有序开展；三是严格遵守政治纪律，坚持用党的纪律来规范自己的行为；四是进一步解放思想，更新观念，坚持学习与实践相结合，注重用理论指导做好各项工作，努力提升自身协调市场经济和社会管理的能力和水平。

二、认真履行职责，充分发挥自身的主观能动作用

（一）全力做好经济运行协调服务工作

（二）全力做好安全生产工作

（三）积极做好平抑市场物价工作

（四）着力加强信访和维稳工作

（五）切实规范房屋征迁与土地征收工作

三、党风廉政建设情况

四、存在的问题

一是对理论和业务知识的学习还不够深入、系统；二是由于忙于大量事务性工作，在开展政策和工作研究、落实五大发展理念的广度和深度上还有一定的不足；三是由于在我市工作时间较短，对各方面工作了解得还不够深入、系统，在创造性地开展工作方面尚需进一步加强。

（三）结尾

在今后的工作中，本人将在市委、市政府的正确领导下，不断加强学习，努力拓宽知识面，着力提升自身素质和工作水平，勇于开拓创新，富有成效地开展工作，为促进我市经济社会发展做出新的更大的贡献。

于无声处"起"惊雷
——撰写述职报告的"三部曲"

▼

年末，工作总结、领导述职报告、"两会"报告、民主生活会发言稿，一大堆材料扑面而来，尤其是单位领导的述职报告撰写更是重中之重，丝毫不能马虎。有道是"年年岁岁花相似，岁岁年年人不同"。如何"于无声处起惊雷""寻常之处见奇崛"，把述职报告写出风骨、写出精彩，直接考验着秘书的功力。

本节将通过展示一位县长的述职报告案例，与大家就如何写好述职报告这个问题进行探讨，以期"他山之石，可以攻玉"。

一、开场务必别开生面、引人入胜——"片言只语摄人心，未成曲调先有情"

袁枚在《随园诗话》中有言："文似看山不喜平。若如井田方石，有何可观？惟壑谷幽深，峰峦起伏，乃令游者赏心悦目。或绝崖飞瀑，动魄惊心。山水既然，文章正尔。"顾名思义，述职报告是述职人向听众报告自己的履职情况的一种文体，因此，能否吸引人、打动人、感染人，是检验述职好坏的标尺。立意平淡无奇，语言寡淡如水，往往难以调动听众的热情，容易造成"说者慷慨激昂、听者无精打采"的尴尬局面，使得述职的效果大打折扣。

让我们看看下面这篇述职报告是怎样开头的。

弹指一挥间，我来××工作已三个年头了。三年来，我始终牢记组织的重托和群众的厚望，坚持潜心做事、真心待人、用心履职，与全县父老乡亲同甘共苦、风雨同舟，共同体验了奋斗的艰辛，感受了成功的喜悦，收获了真挚的感情。今天，我再次站在这个讲台，将自己一年来的履职情况向大家报告，这不仅是对过往的省思，更是对未来的展望。

这段开场白，一改传统的平铺直叙的写法，通过有真情、有温度的话语，凝练地叙说了述职人履职以来的感悟，取得了先声夺人的艺术效果。从这点可以看出，在述职报告的撰写中，只有敢于打破常规，善于推陈出新，大胆尝试不同的行文风格，学会采取拉家常的方式和使用充满温情的话语，拉近述职人与听众的距离，引发听众的兴趣，才能取得"台上台下合拍共鸣、说者听者同频共振"的效果。

二、主体务必实事求是、客观真诚——"不要人夸颜色好，只留清气满乾坤"

个人履职情况是述职报告的主体，是听众最为关注的"干货"。因此，这部分内容一定要突出一个"实"字，体现一个"真"字，总结成绩须实事求是、客观真实，尽量多用事例印证、用数字说话，切忌人为渲染、过分拔高；查摆不足要态度诚恳、不抑不扬，严防文过饰非、蜻蜓点水，否则，就会给人留下华而不实、夸夸其谈之感。

下面，让我们看看述职人是怎样报告的。

一、以实干之举兴县，做促进发展的先锋

作为县政府班子的班长，我团结带领政府一班人，始终站在改革发展的第一线、真抓实干的最前沿，主动当先锋、打头阵，以心到身到、用劲用力的实际行动为干部群众做出表率。

（一）做好发展大文章，壮大经济硬实力

在工业发展上，坚持把招商引资作为加速器，积极探索壮大五大产业的新途径、新思路，年内引进固定资产投资××万元以上项目××个，新开工项目××个，规模工业企业新增××家，产值、销售收入、利税均增长××以上。在农业发展上，大力实施"286"发展规划，以高效农业为主攻点推进产业结构调整，年度新增高效农业面积××万亩，位居全省前列。全年实现经济总产值××亿元，增长××%；全口径财政收入达××亿元，增长

××%；一般预算收入完成××亿元，增长××%，增幅居全市第一、全省第七。

（二）把握政策风向标，做强企业顶梁柱

坚持"纳税人至上、企业家功高"，制定出台《关于扶持中小企业发展的暂行办法》，从资金、人才等多个方面对中小企业进行引导和扶持。成立帮扶企业领导小组，开展"一对一、点对点"帮扶。出台《融资奖励的实施意见》，召开银企恳谈会，成立信用担保公司，帮助企业解决"融资难"问题。与此同时，大力实施"工业再造"，扶持引导现有重点企业提档升级、裂变发展，全年全县工业再造项目完成固定资产投资××亿元，预计年新增销售收入××亿元。

（三）优化政务软环境，提高政企亲和力

坚持少亮红灯、多亮绿灯，少设路卡、多设路标，在行政审批制度改革、政务公开等多方面进行大胆探索，大力推行行政审批流程再造，切实解决审批环节过多、时限过长的问题，使审批项目由原来的××个减少到××个，审批环节由过去的平均××个减少到××个，审批时限由原来的××个工作日减少到××个工作日，实现了"一站式"服务、"一表制"审批、"一费制"收费的工作机制。同时，严格实行企业生产"宁静日"制度，发挥重大项目办公室的作用，为企业提供"保镖"加"保姆"式服务。

这部分内容，述职人突出"发展"和"经济"主题，有认识、有措施、有数字，通过前后左右的对比，有力地说明了过去一年取得的成绩，大大提升了述职报告的说服力和可信度。由此可以看出，在述职报告的撰写中，不能堆砌材料、面面俱到，而要抓重点、捞干货。这样，说者才能言之凿凿，听者方可心悦诚服。

二、以感恩之情为民，做服务群众的模范

人民群众是我们的"父母"，我们是人民群众的"服务员"。我深深地明白：谁把老百姓的事当事，老百姓就把谁当事；谁真诚地对待老百姓，真心为了老百姓，用真情感动老百姓，老百姓就接纳谁、拥戴谁、追随谁。因此，我始终把让××的父老乡亲过上幸福生活，作为矢志不移的追求，努力让全县人民群众的钱包鼓起来、生活富起来、腰杆挺起来！

（一）实施脱贫攻坚，使百姓富足

紧紧抓住"脱贫攻坚"工程实施的有利时机，集中力量打好攻坚战，全年争取各类支农资金××亿元，落实扶贫项目××个。全县共有××万人顺利实现脱贫，超过年度计划××个百分点。城镇居民人均可支配收入达到××元，增长××%。农民人均纯收入达到××元，增长××%。居民储蓄余额达到××亿元，增长××%。

（二）办好好事实事，令群众气顺

除精心组织做好农村新五件实事外，还重点实施了"四大工程"。一是"今年家里不进水"工程。铺设主次排水管网××千米，疏浚城区排水管道××千米，解决了城区××万居民汛期家中积水之忧。二是"百万人民人人体检"工程。共出动医务人员××万人次，为全县人民进行免费体检，建立了覆盖全县的家庭健康档案。三是"双百双扶"工程。投入××万元，充分保障全县孤儿和孤寡老人的生活。四是"出门方便"工程。对城区主次干道进行修复和铺设，新建和改造水冲公厕，极大地缓解了县城居民"行路难"和"如厕难"的问题。

（三）构建和谐××，让人民心安

坚持从百姓关注的热点入手，从群众反映强烈的难点抓起，严厉打击各类违法犯罪行为，加快技防网络监控系统建设，努力实现城乡全覆盖。坚持依法处理信访问题，全县信访秩序明显好转，社会和谐程度明显提高。

在这部分内容中，述职人着重谈了民生问题，通过"父母"与"服务员"两个词语，形象地论述了干部与群众的关系；通过"谁把老百姓的事当事，老百姓就把谁当事"这句朴实的话语，阐述了"水可载舟亦可覆舟"的千古箴言；通过"使百姓富足""令群众气顺""让人民心安""钱包鼓起来，生活富起来，腰杆挺起来"等短句，生动地指明了奋斗的目标，让听众感到可亲可信、贴心温暖。

"感人心者，莫先乎情。"这句话启示我们，在述职报告的撰写中，一定要倾注真诚、真心、真情，说务实管用的话，说通俗易懂的话，说直抵人心的话，不能说大而无当的空话、正确无用的废话、冗长烦琐的套话。

三、以宽厚之风待人，做团结协作的表率

始终以全县的发展大局为重，不计较个人得失，不争利、不唯权，胸怀宽广，豁达大度，致力营造人人讲团结、人人比奉献、人人促和谐的发展环境。

一是坚决服从县委领导。将县政府定位为县委决策的执行者。我和县政府一班人，坚决拥护县委的决定，全力配合县委的工作。凡是县委的决策部署，全都不折不扣地加以落实。

二是主动维护班子团结。全力支持各位副县长开展工作，善于听取不同的声音，善于吸纳不同的意见，和班子成员在工作中加深了解，在相处中增进感情，在配合中相互支持，形成各司其职、各尽其能、各展所长的工作局面。

三是自觉接受各方监督。定期向县人大报告工作，向县政协通报情况，虚心听取和采纳人大代表、政协委员的意见和建议，认真办理人大代表议案和政协委员提案，自觉接受社会各界的监督。

在这部分内容中，述职人着重叙述了"团结"的问题，通过"服从""维护""接受"三个关键词，找准坐标，明确定位，体现了政府的特点和县长的职责，彰显了述职人鲜明的政治态度、高超的领导艺术和坦诚的工作作风。这就要求我们在起草述职报告时，一定要为述职人定好位，做到"看菜吃饭，量体裁衣"，说什么、不说什么，什么该详说、什么该略说，务必明明白白、清清楚楚，这样才不会"种了别人的田，荒了自己的地"。

四、以苛责之心律己，做廉洁从政的标兵

牢记"高飞之鸟，死于美食；深泉之鱼，死于芳饵"的古训，始终坚持以德立身、以公处事、以廉树威，时刻保持一名党员干部的政治本色和清廉形象。

一是遵纪守法，修身律己。坚持用党纪国法约束自己，用党性原则要求自己，从严执行"准则""条例""中央八项规定"，自觉抵御各种腐朽思想的侵蚀。

二是注重小节，防微杜渐。把法律、纪律、他律转化为行为上的自律，注重从小处入手，从细节做起，严格遵守党的"五大纪律"，不搞特殊化，不当自由人。

三是慎对权力，正道直行。不搞吹吹捧捧、拉拉扯扯的庸俗关系学，不搞亲亲疏疏、厚此薄彼的个人小圈子，切实做到讲真理不讲面子，讲原则不讲私情。

在这部分内容中，述职人借用"高飞之鸟，死于美食；深泉之鱼，死于芳饵"的古训，引出了自己对廉洁从政、干净行事的所思所想，给人以耳目一新之感，让听众顿生余味未尽、一探究竟的欲望。这就启示我们，在述职报告的撰写中，要善于引用"金句"，不管是巧用名言、蕴藏哲思，还是借用诗句、营造诗意，或是吟唱歌曲、自抒情怀，抑或是自拟格言、画龙点睛，都可取得言简意赅之效，不仅可以激发听众的兴趣，也能够为原本枯燥的内容增色不少。

三、结语务必精简凝练、干净利落——"删繁就简三秋树，领异标新二月花"

俗话说："织衣织裤，贵在开头；编筐编篓，重在收口。"一篇好的述职报告，除了有引人入胜的开头，还应有耐人寻味的结尾，让人如饮陈酿、如品佳茗，回味隽永，润泽绵长，不由产生一种"悠然神会，妙处难与君说"之感。

那么，让我们来看看这篇述职报告的结语是怎样写的。

"看似寻常最奇崛，成如容易却艰辛。"回首过去的一年，在全县干部群众的同心努力下，我县的城乡面貌发生了令人欣喜的大变化，改革发展取得了令人振奋的好成绩。这得益于省委、市委和县委的正确领导，得益于政府班子成员的共同努力，得益于全县干部群众的辛勤努力。作为县长，我只不过做了些组织协调工作，尽到了自己的应尽之责，鲜花和掌声应该送给全县的父老乡亲，送给奔波拼搏在一线的各级干部，他们才是××发展的最大功臣，是最可爱、最可敬的人！

这段话主要表达了对各方的感谢和敬意。在述职报告中，这段话尤为重要，因为这可以体现出述职人的低调和谦逊，避免给人以揽功诿过、自我表扬之感。

在撰写述职报告时，千万要注意这一点。

一年来，尽管自己对工作做到了尽心、尽力、尽责，试图以行动回报组织的信任和群众的信赖，但是，因为自己的能力和水平有限，虽然在主观上做了很大努力，仍有许多事没有做好，留下了一些不足与遗憾。比如：由于忙于事务，深入基层调查研究还不够；平时要求多、批评多，对同志们的工作生活和个人成长关心不够；在招商引资上未能取得突破性进展，项目"铺天盖地"有余、"顶天立地"不多。在此，我真诚地希望大家多提批评和意见，我将抱着"雷霆与雨露，一样是春风"的态度，有则改之，无则加勉，努力把工作做得更好。

在这段话中，述职人主要剖析了自己在工作中存在的问题和不足，言之有物，不遮遮掩掩；情真意切，不虚头巴脑，让听众感受到了述职人的开阔胸襟和坦荡品格，也在无形之中增强了述职报告的感染力。

"燕子去了，有再来的时候；杨柳枯了，有再青的时候；桃花谢了，有再开的时候。……我们的日子为什么一去不复返呢？"每当想起朱自清先生《匆匆》中的句子，我就常常感叹时光易逝。当前，××正面临着"前有标兵跑得快、后有追兵赶得紧"的逼人态势，作为一县之长，我将始终保持"苟利国家生死以，岂因祸福避趋之"的使命担当，与全县父老乡亲风雨与共、并肩前行，珍惜每一刻，干好每一天，打赢每一仗，共同创造××更加幸福美好的明天！

在这段话中，述职人引用了朱自清《匆匆》中的句子，表现了时不我待、只争朝夕的紧迫感；用"前有标兵跑得快、后有追兵赶得紧"一句，表现了逆水行舟、不进则退的责任感；用"苟利国家生死以，岂因祸福避趋之"一句诗，表现了事不避难、勇于担当的责任感，让人听后既震撼又感动，带给听众强烈的感召力和鼓动力。由此可见，述职报告的结尾要与开头前后呼应，关键在于要让听众受启发、有触动，这样才能取得"余音绕梁，三日不绝"之效，这样的述职报告才算是一篇成功的述职报告。

渔鱼并举

——撰写述职报告的"六法"

▼

述职报告到底怎么写？究竟应该抓住哪几个点？怎样才能让它与众不同？

对于很多人来说，年终的"N述"报告总是有些分不清，写一篇还好说，多写几篇就容易"打乱仗""大撞车"。尤其是面对着领导的高要求和自己的高追求，写平平淡淡的报告倒还容易，但想要让报告听起来有新意确实并非易事。本节主要介绍撰写述职报告的"六法"。

一、站位准——不越位，不错位

班子述职的主体是领导集体，应体现全面性、系统性、协同性，所以在站位上要关照全局，只要是涉及本单位的工作，比如党的建设、主抓业务、管理改革、工团工作、队伍建设、精神文明建设、安全稳定等内容，都要囊括进去，不能缺胳膊少腿。个人述职主要是陈述述职人的履职情况，应按照分工，重点陈述自己是怎么抓分管工作的，取得的效果是什么。需要注意的是，主要领导和分管副职领导的站位不同，述职人在述职时一定要紧扣自己的岗位职责来说，不能越位，更不能错位。比如，主要领导应着重从如何发挥总揽协调、把关定向、检查督促作用来谈，不能琐碎地谈某项具体的工作；分管副职领导应着重从如何做好配合、种好"责任田"方面来谈，不能僭权越位，陈述本应是一把手负责的工作。

二、脉络清——不枝蔓，不缠绕

脉络清、思路清是述职报告最起码的要求。只有思路清晰，才能如线串珍珠那样，把零散的素材拢起来、捋清楚。根据以往的经验，理脉络可以采用三种方法。一是以时间为线，就是以时间顺序来划分，按照先后次序来写。比如，在第一季度干了哪些事？在第二、第三、第四季度干了哪些事？二是以工作为线，就是按照工作的类别来区分，分条目陈述。比如党建、业务、管理、队伍建设等，再如政治建设、思想建设、组织建设、廉政建设、作风建设等。三是以亮点为线，就是把本年度的亮点工作罗列出来，以小见大、以点带面地陈述，以达到"举一纲而万目张"的效果。比如，全年经济总量突破亿元大关，某项工作位居系统第一，首次获得行业奖励等。把脉络理清了，述职报告才能条理清楚、简洁明快，取得言简意丰的效果。

三、结构精——不冗长，不臃肿

述职报告一定要结构精当、重点突出，不能"皮厚馅少"。

通常情况下，班子的述职报告可分五个方面来写。一是学用新思想方面。这部分主要是写学习贯彻习近平新时代中国特色社会主义思想和党的十九大精神，增强"四个意识"，坚定"四个自信"，做到"两个维护"等。二是领导单位发展方面。这部分主要写对照单位职责、重难点任务以及地区中心工作，梳理并总结以班子为单位发展采取的措施及其效果。三是落实民主集中制方面。这部分主要写领导班子科学决策、民主决策、"三重一大"、统筹谋划、依法决策等内容。四是干部队伍建设方面。这部分重点写领导班子如何履行党管干部责任，推进本单位干部队伍建设的做法、措施及效果。五是班子自身建设方面。这部分主要写领导班子在自身思想建设、作风建设、廉政建设、能力建设等方面采取的措施和取得的效果。

个人述职报告通常分为三个方面。一是学用新思想方面。这部分主要讲自身学习党的创新理论、党的十九大等重要会议精神等。二是岗位履职方面。这部分主要是结合分管工作，对照岗位职责讲述，这是述职报告的核心部分。三是廉洁自律方面。这部分主要讲自身的党性修养、作风建设、纪律执行、品行修养等方面的情况。

四、行文简——不拖泥，不带水

平均用力不如重拳出击。要想述职报告在短时间内给听众留下印象，必须突出重点、讲细谈透，应该围绕"领导关注的、群众爱听的、自己有感受的"三个重点展开，其他小事尽量少说，说得太多等于没说。述职人自己开拓创新的工作、有借鉴推广意义的典型经验，要浓墨重彩、充分展示，最好通过第三方的评价来说明问题，比如上级的肯定、统计的数据、评比的结果、媒体的报道、群众的口碑等。另外要统筹兼顾。毕竟各地各部门的基础不同、条件各异，不可能样样出成绩，在报告中取亮点要下大笔墨，对其他工作也要有所体现，哪怕点到为止或一笔带过也好。

五、方法活——不刻板，不呆滞

述职报告的最大特色在于"述"，既可以大量使用叙述的表达方式，也可以穿插议论和抒情，但应以"实"为主、以"虚"为辅，既不能像记流水账那样就事论事，也不能像理论文章，通篇都是议论。"感人心者，莫先乎情。"述职不等于简单地罗列，要想真正打动人，关键在于以情取胜。所以，述职报告应夹叙夹议、虚实结合，如谈完某项工作后，用两三句话总结提炼一下，以适当体现深度和高度。同时，还应善于选取和提炼素材，努力捕捉工作中的精彩片段、点滴细节和情感瞬间，如历尽艰辛事成后的欣喜、群策群力克难攻坚的友情、举措创新荣获肯定的自豪等，述职人应通过述职报告，尽可能地把履职过程中的"闪光点"展示给听众。

六、语言新——不枯燥，不干瘪

时间短、内容多，是述职报告的基本要求。如何才能让述职报告既叫好又叫座？这需要在语言的求新求活上下功夫。首先，标题要抓人。拟标题应尽可能采用比喻、拟人、对偶、回文等修辞手法，通过别具匠心的标题，把想要陈述的内容准确贴切地提炼出来。其次，内容要服人。写作中应避免使用"也许""大概""差不多""应该""或许""可能是"等模糊用语，多用鲜活的事例来印证观点，用翔实的数据来支撑论点。最后，语言要动人。不说枯燥乏味的套话、大而无当的空话、苍白无力的废话，多用群众能听得懂的大白话、大俗话，像唠家常那样娓娓道来，让听众感到亲切自然。

范文

××同志20××年度抓基层党建
工作述职报告

尊敬的各位领导、各位同事、同志们：

（前面的个人任职基本情况部分省略，本段主要介绍工作概况。）一年来，我始终坚持把抓党建作为最大政绩的工作理念，紧盯"两个率先"目标履行党建工作职责，在持续深化"三双"战略中提升党建科学化水平。

一、履职情况（正文部分）

（一）领好头，把抓党建着力在靠责任上（复合式标题，前面是标准，后面是做法。）

坚持把党建作为自己的主业，把党建工作"第一责任人"具体为"四个第一"：一是从自我做起，带领各级党组织书记把党建摆在全盘工作的第一位，统筹谋划，高位推进（讲个人层面）；二是把抓党建工作的第一切入点放在抓各级党组织书记上，通过抓书记促使书记抓党建工作（讲抓党建的重点）；三是对各级党组织书记的第一要求是"抓不好党建，一切都等于零"，传递压力，以身作则（讲党建标准）；四是把层级签订党建目标管理责任书作为第一落点，明晰责任，量化考核（讲责任传导）。同时，指导各级党委定期主持召开党建领导小组会、党建联席会，组织开展"三级联述联评联考"活动，做到了述职述党建、考核考党建、任用干部看党建，促使各级领导干部把党建扛在肩上，放在心上，落实在行动上（讲通过具体抓手落实责任）。

（二）把好向，把抓党建发力在促发展上

面对新常态，我心中有一道加法题：党建＋经济＋社会＋文化＋生态＝发展（个人理解）。党建犹如总引擎，经济、社会、文化、生态是四轮驱动。实践证明，党建的带动力越强，发展就越快越好（**通过形象的比喻，阐述抓党建的感悟体会**）。（**下面将从四个层面具体阐述党建的作用。**）**一是以党建促进项目建设**。对于确定的每一项重点工作，严格实行"一名县级领导抓总、一个单位牵头、一个党组织负责、一个团队落实"的责任体制，把党组织建立在项目现场，让党员干部冲在项目一线（**这里讲党建在项目建设上的做法**）。以此带动全年实施500万元以上各类项目259个，特别是东湖公园改扩建等十大重点项目建设均实现了实质性飞跃，形成了以党建带项目、以项目促跨越的发展局面（**这句讲成效，这些成效是前面的做法带来的**）。**二是以党建促进助农增收**。着眼农村发展、农民增收，不断探索党建与产业发展的契合点，在全市率先推行"五步联推"产业富民模式（**做法**），全区村级集体经济年收入达到6300万元，农民人均纯收入达到7430元（**效果**）。**三是以党建促进精细管理**。从强化管理入手，逐步推进纯居民社区"数字化管理"、商贸集聚社区"社企共建"、单位集中社区"大党工委制"新模式，开展"一元钱"爱心银行、服务敬老院等志愿活动200余次，让居民深切感受到哪里有需要，哪里就有党组织的服务（**这里讲党建在社区管理中发挥的作用，以党建促进精细管理水平的提升**）。**四是以党建促进效能提升**。紧扣机关和"两新"党建实际，组织开展城乡党组织结对共建活动，累计协调帮扶资金5535万元（**党建帮扶**）。推行"党员领导+责任区""党员+责任对象"的"1+1"模式，实现了以社会领域党建工作全覆盖推动优质服务全覆盖。

（三）正好行，把抓党建聚力在转作风上

从一开始，我就把党的群众路线教育实践活动定位为强党建、转作风、惠民生、促发展的净化工程、德政工程，把活动的关键锁定在抓整改落实上（**阐述党建的重要发力点**）。**一是以整改大兴为民之举**。坚持即知即改、立行立改，"整治城市环境脏乱差"活动，开创了干部群众携手共建城市美好家园的新局面；"百名干部带案下访解民忧"活动，兑现了解决一个信访案件就是解决一个民生问题的承诺；失地农民安置行动，有效保障了重大项目用地拆迁工作（**这三类活动既是转作风的具体表现，也取得了较好的社会反响**）。**二是以整改劲吹务实之风。**

从查摆纠改"四风"问题入手，突出重点整治"十风"，进一步提升了干部队伍的服务形象（**这里讲整治干部作风**）。**三是以整改立下清廉之规**。出台修订完善了《西峰区干部纪律作风监督管理办法》等 67 项制度，在全市率先推行丧葬婚嫁、外出考察学习、公务接待三项备案管理，全区"三公"经费同比下降 84%，各级各部门的工作效能显著提升（**在廉洁用权方面的做法和成效，这些都是抓党建的具体落点**）。

（四）理好事，把抓党建给力在强保障上

一是抓干部选任强保障。坚持把干部选任的重心向工作一线、向乡镇街办倾斜，先后有 370 名农村致富带头人进入村"两委"班子，93 名机关干部到村任职（**选配班子是党建重点**）。**二是抓经费投入强保障**。健全完善了"六位一体"经费投入机制，区财政全年投入党建经费 875 万元，较上年提高了 16.8%。**三是抓问责落实强保障**。严格实行"12345"保障机制，对重点工作突破不了的、保不了一方平安稳定和抓不好班子带不好队伍的领导，实行一次问责、两次诫勉、三次淘汰。全年整治软弱涣散党组织 28 个，查处违反纪律作风规定的问题 26 起 89 人，促进各项工作抓落实干到位（**通过抓党建严明纪律**）。

二、存在的主要问题及原因（问题部分）

（**这里的问题主要是指抓基层党建的过程中发现和了解的问题，属于工作中的问题梳理，而原因剖析部分是根据工作问题反思剖析个人层面做得不到位、不充分的内容。通过工作问题来反映个人问题，是写述职报告需要把握的。它与个人述职报告中纯粹讲自己的问题是有区别的。**）

工作中存在的问题主要表现在三个层面。**从思想上看，有"三种不良倾向"**：个别党员甚至是领导干部，一是把抓党建简单等同于抓学习、办活动、动干部，存在就党建抓党建的现象；二是把党建当作软指标，缺乏硬落实，存在重业务轻党建、重虚功轻实做的现象；三是片面认为抓党建是顶层设计，存在依葫芦画瓢的现象（**这是单位存在的思想层面的问题，其实也反映了个人抓引导的问题**）。**从工作上看，有"三个薄弱环节"**：一是随着城市的发展，社区设施相对滞后，城乡均面临党员活动场所不足和组织生活不规范的问题；二是流出党员疏管理，流入党员管理疏，服务跟进不及时，管理有难度；三是大学生村干部尽管有文化，但年龄小、经验少、群众对其信任度不够高，而部分本土村干部年龄普遍偏大、文化程度和工资报酬普遍偏低，工作积极性不够高，"人难选、选人难"的问题依然比较突出（**这是工作层面的问题，矛盾问题不少，这些问题自己抓得怎样，为什么没有解决，也需要反思**）。从落实上看，有"三个方面的能力不足"：一是部分党员缺乏荣誉感和使命感，先锋引领能力不足；二是个别党组织"等、靠、要"思想比较严重，带头致富能力不足；三是村级集体经济发展不平衡，"缺钱办事、无钱服务"的问题仍比较普遍，支撑保障能力不足（**这是工作落实的问题，需要反思个人抓执行的问题**）。

经过认真反思，产生问题的原因如下。**一是抓领导、领导抓的责任传导不够到位。**在推动党建责任落实上，刚性制度和激励约束办法不够有力（**个人问题**），党员干部的担当精神有待强化。**二是抓统筹、统筹抓的大局观念不够强。**这反映在抓常委会自身建设和区直综合部门党组织建设用的精力相对较多，抓其他部门党组织的措施不够具体；抓乡镇、村级党组织班子建设相对较多，抓"两新"组织等新型领域党建工作还不够深入（**个人统筹问题**）。**三是抓创新、创新抓的工作方法不够多。**对抓党建和抓发展的最佳结合点找得不够精准，在探索基层党建模式、破解保障难题、释放党建工作活力上还有待创新（**个人抓的力度、方法问题**）。

三、下一步的工作思路和措施（打算部分）

20××年，我将牢牢把握党要管党、从严治党这一主线，高举××精神大旗，坚决落实市委施政新理念、新举措，不断巩固扩大群众路线教育实践活动成果，为打造全市"三个生态"先行区提供坚实的政治保障（**这是下一步工作的总思路，要对接最新精神**）。

（一）聚焦"一个主业"，传导压力履党责（**做法＋目标，这一部分的四个标题对仗较为工整。**）

坚持"紧扣发展抓党建、抓好党建促发展"的理念，抓书记、强支撑、严考核三措并举，切实把党建作为领导干部履职的主责，全面落实基层党建工作联述联评联考制度，确保各级党组织书记把党建锁定在头等位置来抓（**这一部分主要体现思路性的，不用写得太具体**）。

（二）落实"两个责任"，执纪问责正党风

坚持思想建党与制度建党相结合，认真落实党风廉政"两个责任"，扎实开展"三级约谈"，引导党员干部守纪律、讲规矩，真正把责任传导到位、措施细化到位、检查督促到位。

（三）破解"三个难题"，强化保障夯党基

把大力整治软弱涣散的村级党组织、持续加大对基层党组织基础建设的投入力度、科学考评党建工作作为三项重要任务，下实手、出重拳解决基层党组织作用发挥不够、经费保障不力、考核刚性不足的三个问题，进一步夯实基层党建工作的基础。

（四）主攻"四大领域"，分类施策聚党力

在农村扎实推进双联和扶贫攻坚行动，不断增强村级党组织带动群众增收的能力（**村级党组织主攻方向**）。在社区创新"四位一体"管理服务新机制，不断提升社区精细化服务水平（**社会党组织主攻方向**）。在机关突出抓好结对帮扶工作，树立高效便民服务新形象（**机关党组织工作重点**）。在"两新"组织持续深化推进"三优先三培养"和社会组织"双管理"模式，充分激发党建工作的活力，为加快建设美丽文明和谐幸福××做出新的更大贡献（**"两新"党组织工作重点**）。

步步为营
——撰写党建述职报告的"九步法"

▼

说到述职报告，可能大家并不陌生，但是，问到自己对党建述职报告了解多少？未必有人能说得清。本节主要围绕这方面的内容进行提炼，梳理撰写党建述职报告的"九步法"。

一、学指示

党建述职报告需要与上级的哪些指示精神对标呢？通过梳理，至少有以下五个方面的内容。

（1）党中央关于落实全面从严治党责任的指示精神。

（2）全国组织工作会议精神及省市组织工作会议精神中关于落实党建责任的相关要求。

（3）本年度本省市、本地区党委全会精神。

（4）本省市、本地区召开的基层党建工作会议精神，以及出台的相关意见、方案、措施、通知等文件。

（5）中央、省市巡视组巡视本地区、本部门的反馈意见，特别是对抓基层党建方面提出的相关要求。

当然，这些内容可能比较多，写作时要突出重点，根据自身实际进行全面梳理，有条件的可将相关内容汇编成册，以便日后参阅。

二、理工作

把上级精神吃透了、领悟了，材料的方向就明确了，接下来就要把工作理一理。述职，就是要着重说一说做了什么工作。

秘书们会说，一年的工作千头万绪，只记得没少忙，还真不知从何说起。具体来说，可以以下两个方面来梳理。

（1）就党建自身任务而言，至少需要摸清四类情况：加强党支部建设情况，带头人队伍建设情况，党组织活动情况，发展党员和党员教育管理情况。其他内容可根据实际情况自行添加。

（2）就党建功能引领而言，重点是把完成的大项任务说明白。比如，抓党建促脱贫、抓党建促乡村振兴等任务的完成情况，这里是把党建作为促进工作的引擎来讲的，其落脚点是推动经济发展、推动社会治理、推动问题解决。

三、查履责

把工作理清楚了，下一步就是查履责情况。那么，怎样体现述职人自己的主观努力和个性意愿？

这就需要查履行党建工作责任的情况，比如，述职人主持召开了几次党建工作学习会、分析会、推进会，深入基层党组织做了几次调研、摸了几次情况、解决了哪些问题。

还需要回顾上年度述职时承诺的事项，看看上一年度的清单中的问题解决了几个、承诺兑现了几条、标准达到了几项。

同时，还要深入反思抓党建方面存在的倾向性问题，对照上级巡视组指出的问题症结，逐条查摆，看看有没有、哪里有、有几条。

四、搭框架

把前面的三个步骤做好了，前期工作基本上就做得差不多了。接下来，该进入正式起草环节了。这涉及框架搭建的问题，从实际看，党建述职报告的框架主要分为三个部分。

一是开头，就是述职报告的引言部分，这部分主要描述背景情况、履职概况和基本评价，把意思表达清楚就行。比如，××现有基层党组织××万个，党员××万人（简要介绍全市党组织的基本情况）。带好管好这支队伍，是我义不容辞的责任（谈认识）。今年以来，我按照中央要求和省委部署，以聚精会神抓党建的责任担当和坚定行动，推动全面从严治党在××落地生根。全市党风政风明显好转，政治生态更加"山清水秀"，党员干部谋事干事成事的精气神大大提振（谈党建工作取得的效果）。现将履职情况报告如下。

二是主体，这是述职报告的核心部分，包括述职人所做的工作和取得的成绩、存在的问题、下一步的打算三大层次，具体有四种写法。

（1）按内容区分，就是按照党建工作性质，划分出不同板块并分别加以论述，这是一种常见的写法。比如，有份党建述职报告的提纲如下。

学教并举，着眼思想上建党。

建整并重，着手组织上立党。

督管并用，着重作风上强党。

严实并措，着力形象上优党。

（2）按任务区分，就是以重要活动、大项任务为主线，将抓党建工作穿插其中，既体现做法，也反映成效。比如，有份机关党建述职报告是这样列提纲的。

以"群众路线教育实践活动"为抓手，实现区直机关服务群众常态化。

以"群众满意机关"创建活动为平台，巩固区直机关"四难"专项整治成效。

以"奉献个人之力、打造××之强"活动为载体，激发机关党员干部的主人翁意识。

当然，这个提纲还需要进一步加工提炼，但表达的总体意思没错。

（3）按特点区分，就是对本年度党建工作进行系统梳理，提炼出几个鲜明的特点，以点带面地反映整体工作情况。这样的提纲往往更吸引人。举例如下。

突出一个"统"字，压实主体责任。

突出一个"严"字，强化高效管理。

突出一个"育"字，抓强党员队伍。

突出一个"建"字，凝聚团队合力。

突出一个"实"字，持续夯基固本。

（4）按时间区分，即按时间先后顺序将工作分成几个阶段来写。这种写法的好处是梳理起来比较简单，只需按各个时间节点把工作捋出来就行，不需要再刻意打乱糅合。

需要说明的是，在反映成绩时要突出重点，对有影响、有创造性的工作要重点写，日常事务性工作可略写。

三是结尾，结尾部分主要是对干好下一步工作做概述性的表态，这部分内容并不是必需的，可根据自己的想法做取舍。

五、捋句子

框架搭好了，就相当于房子有了骨架，接下来就应捋清每个部分的具体句子了。当然，这也要讲究方法，按讲成绩和讲问题来区分，可分为两种情况。

一是讲工作和成绩时，基本模式就是思路＋做法＋成效，把为什么抓、具体怎么抓、抓的成效写出来。举例如下。

注重在发展实践中抓基层党建，使两者相辅相成、相得益彰（**谈总的思路和原则**）。……特别是在"拆违控违行动"中，把支部建在项目上，把党建抓在第一线，基层党组织和党员干部既发挥了"带头拆""公平拆"的示范引领作用，又经受了"依法拆""和谐拆"的群众工作洗礼，××个多月拆除违建××万平方米，展示了打攻坚战、啃硬骨头的凝聚力和战斗力（**既有做法，也有成效**）。

二是讲问题或不足时，有一种常见的写法是面点结合，先讲面上的倾向性问题，再点出具体部位的个别问题，做到有总有分、有全局有具体。举例如下。

我在抓党建上还缺乏"一竿子插到底"的韧劲，全面从严治党尚未完全落实到最基层（**面上讲、总体讲**），有的乡镇、街道书记对党建工作热情不够、办法不多（**点上讲，具体讲**），一些村、社区党组织书记的党建意识不强、党建工作基础还比较薄弱（**点上讲，具体讲**）。"最后一公里"不打通，管党治党的责任就很难彻底地落实到最基层（**讲危害**）。

六、填事例

看一篇述职报告具不具体、深不深刻，就看它是否结合具体事例剖析、反思。有的秘书感觉自己写的述职报告"放之四海而皆可用"，其问题就在于缺乏具体的事例来支撑。

当然，选取什么事例也有讲究，应该选那些能反映个人主观努力、能反映单位工作成绩、能反映创新性做法的事例，不能事无巨细，什么内容都往里加，否则特色和亮点就会被淹没，体现不出效果。举例如下。

结合开展"三严三实"专题教育，高度聚焦××书记去年点评的问题，自己领办、交办和督办，以钉钉子的精神推动整改落实。如针对××万户居民长期不能办理房产证的问题，目前已有××户居民成功办理；新增××万元投入，村、社区运转经费年均达××万元和××万元；制订和实施社区党建和社区建设三年行动计划，市本级投入××亿元实施××个项目，推动硬件软件水平同步提升；查处基层党员干部违纪违规问题××个，给予党纪政纪处分××人，通报了其中的××起典型案例。（**用具体的事例和数字来说明，使抓党建的效果更加直观丰满。**）

七、看逻辑

逻辑问题是写报告最头疼也最常见的，对于党建述职报告，秘书起草初稿后，需要理顺文章的逻辑。具体来讲，有三个地方需要重点检查与揣摩。

一是段落与段落之间的逻辑。段落内容是否互相交叉、互相包含、互相重复，包括段落与文章的关系，某个段落是不是党建述职的内容，是否写偏题了。

二是段落与语句之间的逻辑。每一段的标题能否覆盖里面的内容，段落内容是否有不属于标题的部分。语句能否支撑段落标题，是否发挥着阐释说明作用。

三是观点与字词之间的逻辑。每一段的第一句话一般为观点思路，那么后面的做法能不能证明观点？是不是滥竽充数、生拉硬扯？顺畅的逻辑，应该是一环扣一环的链条关系，如果缺少了其中一环，整体框架可能就散了，这也需要进一步思考。

八、修标题

关于标题，总的原则就是表情达意要准确，在此基础上再寻求形式的美观和亮眼。

九、磨字词

上面的步骤完成后，重点就是做"去口水话"的工作，把"的""了"这些容易出现且可有可无的语气词删去；把诸如"开展 ××、××、×× 等活动"这样罗列性质的句子中多于两项的部分删去；把可有可无的事例删去，力求简洁精练。

语不惊人笔不停
——优质且与众不同的述职报告

▼

本节将以一篇经典案例介绍述职报告的特色写法。

时间去哪儿了
——2018年述职报告

各位领导，各位同事：

朱自清先生在《匆匆》一文中，用这样一段话来感叹时间的易逝："燕子去了，有再来的时候；杨柳枯了，有再青的时候；桃花谢了，有再开的时候。但是，聪明的你，告诉我，我们的日子为什么一去不复返呢？"正如先生在文中写的那样："我的日子滴在时间的流里，没有声音，也没有影子。"今天，我就以"时间去哪儿了"为主题，向大家报告一下自己一年来的履职情况。

时间去哪儿了？时间浸润在一页页的公文材料里。办文是办公室的首要职能，是保证政务活动正常开展的"生命线"。作为综合文稿的"质检员"，我坚持精雕细刻、字斟句酌，力求对标上级不走样、切合实际不漂浮、指导工作不空虚。年内，我共审核修改各类公文×××份，撰写重要文稿××篇，编报政务信息××条，整理大事记×××条，较好地发挥了以文辅政的作用。我主笔撰写的《改出一片新天地——关于××××的调查与思考》获评行业调研报告二等奖，并得到上级机关主要领导的批示。

时间去哪儿了？时间流逝在一个个的会议活动里。办会是办公室的重要职能，是确保信息上传下达的"主通道"。作为筹办会议的"服务生",我牢固树立"细节决定成败"的意识,坚持做到"方案精准化、过程精细化、服务精到化",力求把每个环节都做细、做到位,确保不因自己的疏忽大意而"留死角""掉链子"。年内,我共负责筹办会议 ×× 次,转办上级通知 ××× 次,办理领导重要批示 ×× 件,承办重大活动 ×× 次,并实现了无一例差错,赢得了各方的高度认可和广泛好评。

时间去哪儿了?时间融化在一件件的大情小事里。办事是办公室的一大职能,是展示干部作风、机关形象的"显示器"。作为机关的"大管家",我始终把"机关工作无小事"作为座右铭,无论是文秘机要、督查督办、信访接待,还是保洁保卫、车辆管理、餐饮卫生,我都坚持以举轻若重的态度做好。年内,我共承办人大提案和政协议案 ×× 个,开展督查活动 ×× 次,处理群众来信来访 ×× 次,调派公务用车 ××× 次,处理水电气暖问题 ××× 个,为维护大局和谐稳定、树立单位的良好形象,尽到了应尽之责。

各位领导、各位同事,唐代诗人李白有句诗:"却顾所来径,苍苍横翠微"。其大意是回望所走过的路,原来是多么艰辛与不易。回顾一年来的甘苦与拼争、厚重与温暖、喧嚣与笃定,落在地上的"脚印"和淌在肩头的"汗水",同样值得回味、值得纪念。此时此刻,我还想用"感恩、感谢、感悟"三个关键词,来表达一下自己的心声。

感恩,就是感恩组织的培养、领导的扶掖。"真正的朋友,是在你获得成功时,为你高兴,而不是捧场;是在你遇到悲伤时,会给你及时的支持和鼓励。"这一年,我深切地体会到高尔基这段话的含义,也真切地嗅到成长在岁月里散发的醇香。令我难以忘怀的是,每当在工作中遇到困难,组织和领导都给我以鼎力支持和悉心指导;每当在工作中取得成绩,组织和领导都给我以真诚点赞和热情鼓励;每当在工作中出现纰漏,组织和领导都给我以大度谅解和宽厚包容。这些,都给我以担责履职、砥砺前行的无穷动力。所以,我要感恩组织、感恩领导。

感谢,就是感谢部门的配合、同事的支持。"独行快,众行远。"办公室是机关的枢纽,贯通上下,连接左右,没有兄弟部门的通功易事、通共有无,没有同事们的同声相应、同气相求,办公室只能是"一花难成春,孤雁难成行"。在我心里，有一种幸福，叫一路有你；有一种力量，叫守望相助。正是因为有你们的配合支持，我们才能用最合拍的旋律，奏响最动听的音乐，用"速度与激情"演绎出精彩纷呈的"一出好戏"，绽放出我们××人的"芳华"。这些，都是我永志不忘、念兹在兹的精神食粮。所以，我要感谢同仁、感谢同事。

感悟，就是感悟责任的含义、奋斗的味道。有什么样的精神状态，就会绽放什么样的精彩。作为办公室主任，我始终牢记"心有责任，行有方向"，自觉做到脑中有全局、心中有大局、手中有布局，用心用情、尽职尽责地把每一项工作做好，力求上不负组织、下不负同事。难以忘记，起草重要文稿、筹备会议活动时，那一个个不眠的夜晚；难以忘记，改革公务车辆、清退办公用房时，那一场场艰苦的鏖战；难以忘记，处置矛盾纠纷、完成急难任务时，那一幕幕惊心的画面。是肩上的责任使我明白，是奋斗的淬炼使我顿悟：只有挑最重的"担子"、啃最硬的"骨头"、解最难的"考题"，才是对"每个不曾起舞的日子，都是对生命的辜负"这句话最生动的诠释。所以，我要感悟责任、感悟奋斗。

每一次回望，都是为了更好地出发。以时间为轴，2018年挥手而去，2019年奔腾而来。这一刻，过去已成背影，梦想照亮前方。在新的一年里，我将继续在局党委的坚强领导下，在办公室及机关全体同事的倾力支持下，继续站好位、履好职，用心用力把"办文、办会、办事"这三部曲演绎得更激越、更精彩，努力为全局改革发展夯基垒土、增光添彩，向所有关心支持办公室工作的领导和同事，交上一份满意的答卷！

最后，我要向办公室的同事说一句：没有等来的辉煌，只有干出的精彩！奔跑吧，兄弟！

我的述职完毕，谢谢大家！

老笔头点评

这是一篇经典的述职报告，首先采用朱自清先生的文章表达时光飞逝的感慨，而后三次引用"时间去哪了"这句热门语句将全年的工作融入其中，最后连用感恩、感谢与感悟表达自己的真情实感。这篇述职报告结构有特色，内容很时髦，是不可多得的好文章。

第四章

党课讲稿

党课要有"党味"

——党课讲稿须具备的"四个要素"

▼

党课讲稿，是日常使用较多的一种事务公文。它的主要功用是传播党的理论，统一党员思想，旨在解决认识和行动中存在的问题。

俗话说，世界上有两件最难的事：一是把你的思想装进别人的脑袋，二是把别人的钱装进你的口袋。而党课恰恰就属于第一件难事。因此，党课讲稿看起来简单，但要真正写好并非易事。根据实践经验，好的党课讲稿应该做到"四有"。

第一，有新意。

起初，党课的授课对象是新入党的同志或入党积极分子，主要内容是介绍党的基本历史、基本知识，以及对党员的基本要求。随着形势的发展变化，党课的内涵也不断拓展和丰富。但无论怎么变，党课统一思想、凝聚力量、解决问题、团结鼓动的作用没有改变。

事实表明，一堂无"魂"、无"理"、无"情"、无"趣"的党课，一定是讲的人费劲，听的人没劲；一堂有"魂"、有"理"、有"情"、有"趣"的党课，一定是讲的人带劲，听的人起劲。因此，起草党课讲稿时，首先应把握时代性，必须与大的形势相契合，与听众的关注点相吻合。如果所写的内容与时代隔得远、与普通党员离得远、与事实现状离得远，只能是老生常谈，使讲课的效果大打折扣。

因此，在撰写党课讲稿时，应避免空洞的说教、口号式的鸡汤，避免"常说的老话多、漂亮的空话多、严谨的套话多、好听的虚话多"的现象，在主题、内容和语言上出新，努力让听众听起来有趣味、品起来有滋味、忆起来有回味，这样才能使党课更吸引人、打动人、感染人。

第二，有主题。

党课的选题很多，但不能"眉毛胡子一把抓"，如果在一次党课里什么内容都想讲，到头来就会什么都讲不好、什么都讲不清楚。

比如，围绕"两学一做"讲党课，并不是要讲"两学一做"的重大意义、安排部署、实践要求等，这不叫党课，这叫动员部署。这个概念一定要弄清楚。网上有些所谓的党课范文，大都是"挂羊头卖狗肉"，千万不能照搬照抄。

选择什么样的党课主题，必须提前与领导沟通。常规来说，党课主题应该是与本单位实际和人员思想实际联系紧密的，或者是领导特别想讲的。比如，权力部门讲廉政，窗口部门讲服务，科研部门讲创新，综合部门讲机制，一线单位讲落实，等等。主题的切入点越小，"火力"就越集中，就越容易讲深、讲透。

第三，有党味。

党课姓"党"。具有浓厚的"党味"，是党课讲稿最鲜明的特点和本质属性，不能把一般的思想教育、领导讲话与党课混淆。

以电视剧《三八线》为例，这是一部难得的好作品。它没有上甘岭的宏大惨烈，但有龙缘峰的连级坚守；它没有抗美援朝的全景描述，但有直击人心的细节描写；它没有"高大上"的响亮口号，但有瞬间点燃激情的战前动员，看完给人留下最深刻印象的是三个老兵、军礼和党的组织。这部电视剧可以说是一堂很好的党课，老兵比官职更神圣，军礼比语言更有力，党的组织是决胜的关键。

需要说明的是，党课的"党味"并不代表要在每句话中都加上"党"字，而是要真正让每名普通党员感同身受，让每名党员将原来看不清楚的问题看清楚了，想不明白的事情想明白了，不自觉的行动变成自觉了，这才是真正的有"党味"。

第四，有素材。

由于其特殊性，党课本身的内容相对比较枯燥。如果没有鲜活生动的素材做支撑，党课就变成了空洞的说教。因此，在党课主题确定后，就要搜集大量国内外的历史现实或正面反面事例等大量素材，从中甄选具有典型性、代表性且能真正打动人、感染人的事例，为观点提供有力支撑。这是写好党课讲稿极其重要的一个步骤，千万不可省略。

党课姓"党"

——撰写党课讲稿的"三步走、六妙招"

▼

本节介绍撰写党课讲稿的"三步走、六妙招"。

第一步，搜资料。

顾名思义，党课首先是一堂课，这就决定了它不同于常规的领导讲话。相比而言，党课讲稿比领导讲话稿的形式更活泼、内容更丰富、语言更生动，因而其可供起草者发挥的余地更大。所以，起草党课讲稿首先必须准备大量的素材和资料。缸中有米，巧妇才能做出好饭。那么，素材和资料从何而来？在网络技术高度发达的时代，很多人首先就会想到网络。没错！搜集素材和资料，网络是一个主要渠道。但是，仅依靠网络检索就够了吗？肯定不够。起草者还需要找一找上级的会议及文件精神，比如，党的十九大报告，毕竟"不忘初心、牢记使命"主题教育的首次提出是在十九大报告里；再如，中央政治局研究部署主题教育的会议精神。领会了这些精神，起草者才能更准确地了解和掌握相关具体要求。

第二步，列提纲。

在查阅资料和搜集素材后，就该疏理出文稿的总体思路并列出提纲。按照传统思路，无非就是"为什么""是什么""怎么办"三段论，一篇党课讲稿的结构如下。

一、为何廉洁

二、何谓廉洁

三、如何廉洁

但也有的党课讲稿不受三段论限制，直接从"怎么做"切入，即对三段论中的"怎么办"进行细化。比如，有篇党课讲稿就是直接从希望和要求切入的。

一、始终不忘理想信念这一根本

二、始终不忘推动发展这一要务

三、始终不忘为民服务这一宗旨

四、始终不忘纪律规矩这一底线

审视这个提纲，四个标题的逻辑像剥笋一样，层层递进，步步深入。

第三步，填内容。

顾名思义，填内容就是为提纲填充素材。总的原则是，有观点、有数据、有事例，力求有声有色、有血有肉。具体可采用以下六个妙招。

（1）讲道理。这就是说理释义。这是党课讲稿必不可少的内容，对应着三段论中的"是什么"。

以说理的方式展开讲述的案例如下。

共产党人的"初心"是什么？

第一，不忘初心，就是要牢记历史。

第二，不忘初心，就是要坚守政治灵魂。

第三，不忘初心，就是要敢于担当。

第四，不忘初心，就是要不忘人民。

如果不采用三段论结构，简单讲一讲意义也是可以的。举例如下。

学历史，就是要增加历史厚重感，从中发现规律、掌握规律。品国学，就是从中华传统文化中感悟前人修身、为官、干事的思想和智慧。净心灵，就是要通过学习，塑高尚人格，养浩然正气。提境界，就是要做实干家，达到追求大发展的境界。

还有一种讲道理的方式，就是释义。比如，有篇党课材料对"纯洁"一词是这样释义的。

"纯洁"一词在《现代汉语词典》中有两个解释。一是"纯粹清白，没有污点；没有私心"。这种意义最早见于《楚辞》："情纯洁而罔蔽兮，姿盛质而无愆。"这句诗的意思是"我性情纯洁而没有污点，资质聪颖而没有过错"。二是"使纯洁"。如作家浩然在《艳阳天》中写道："'提高战斗力'，除了纯洁组织以外，当紧的是思想上的提高呀！"总而言之，"纯洁性"就是指思想、行为等表现出的纯粹清白，没有污点，没有私心的性质。"党的纯洁性"，则是一个政治概念，是一个政党区别于其他政党的特质在其程度上的反映。

（2）传精神。这是指把上级、本级或其他地方的相关精神在党课讲稿中恰当地传达出来。

（3）拆字词。这是党课报告较为常用的一种方式，通常分为以下几种方式。

①拆词为字。比如，"廉洁"一词，可以把"廉洁"拆成"廉"字和"洁"字。"廉"，就是经济上清廉，不拿、不占、不贪，按党的原则和纪律为官行政，坚守"人民公仆"的本色；就是政治上保持清醒，坚守信念防线、道德防线、法纪防线。"洁"，就是洁身自好，拒腐防变。

②拆词为字母。比如，解释"领导"，新时代领导应该具备"LEADER"的特质和条件，即：L——Listen，多倾听、多学习；E——Explain，多沟通、多说明；A——Assist，多协助、多支持；D——Discuss，多协调、多商讨；E——Evaluation，多评价、多总结；R——Response，多反馈、多调整。

③拆字为字。比如，"赢"字由"亡、口、月、贝、凡"五个汉字组成，可以理解为其蕴含着五种意识和素质能力。"亡"，即危机意识、忧患意识；"口"的职能包括说话、吃喝，但既不能乱说，也不能乱吃；"月"指月亮，心灵像月

光一样皎洁，光明磊落；"贝"是指钱财，警示"手莫伸，伸手必被捉"；"凡"意指平凡。在"赢"字上下苦功，就是要做表率。按照"信念坚定、为民服务、勤政务实、敢于担当、清正廉洁"的好干部标准和"三严三实"的要求，朝着净化自我、完善自我、革新自我、提高自我的方向不懈努力，我们就能为党赢得民心、赢得凝聚力、赢得未来。

④拆字为词。比如，在谈对"三严三实"的理解时，讲到要"严"字当先，就是要从严反腐、要从严治吏；要以"实"字为本，就是要思想务实、行动务实、外交务实。

（4）引经典。引经据典是起草党课报告的常用方法。名人名言、诗词歌赋，甚至群众生活中的歇后语、顺口溜都能成为党课报告中的素材，可使冷冰冰、干巴巴的道理变得更加鲜活生动。

（5）讲故事。党课要避免空洞的说教、口号式的"鸡汤"，如果想让党课更吸引人、打动人、感染人，就一定要善于讲故事。

比如，一位市委书记在讲党课时别出心裁地讲了三个小故事，这堂党课通过"听得懂"的"口头语"、"看得见"的"身边事"、"接地气"的"活教材"来说事论理，饱含深情地回答了"怎样为官？怎样为人？什么是人生价值和家族荣耀？什么是短暂？什么是永恒？什么是共产党人的最大价值？"等问题，真正做到见人、见事、见思想、见情感，产生了"以故事动人、以故事感人、以故事服人、以故事育人"的效果。

（6）列数据。数据最有说服力。用数字说话，以数字做支撑，是公文的鲜明特点，在党课报告中也是如此。

范文一

机关党员干部要做不忘初心的表率
——"不忘初心、牢记使命"主题教育专题党课

这次专题党课，我想着重围绕"不忘初心"这个话题，与大家交流一下自己的一些认识和体会。下面主要讲三个方面。

一、不忘初心，就是要处理好"三个关系"，增强自觉性

什么是"初心"？有人说，初心有三种含义：第一种是认知的初心，把任何美好的东西当作人生初见，仔细品味它的美好，是为初心；第二种是社会的初心，即让我们摆脱和放下繁文缛节和对人的偏见，以未被污染的赤子之心示人；第三种是目标的初心，我们最初出发时，心怀理想，但是渐渐地，我们的理想被名利取代，保持初心，是指记得我们当初为什么出发。对第三种说法，我个人是比较认可的。那么，什么是共产党人的"初心"呢？就是党的十九大报告中指出的："中国共产党人的初心和使命，就是为中国人民谋幸福，为中华民族谋复兴。"在我看来，"不忘初心"要处理好组织与个人、思想与行动、内心与外在"三个关系"。

（一）既要组织纯洁，又要个人纯粹

党的组织是党的堡垒，党员是党的肌体细胞。党的理论、路线、方针、政策要靠党员在实际中贯彻落实，党的形象是党员党性的外在表现的综合反映。如果抛开党员个人的纯粹，个人忘记了初心和使命，党的先进性、纯洁性、凝聚力、战斗力等都将成为空洞无物的抽象概念。不合格的党员，将会严重影响党的形象。

（二）既要思想求实，又要作风务实

思想是导向，是灵魂。心态决定状态，有什么样的思想就有什么样的作风，就有什么样的绩效。思想求实是马克思主义的应有之义，就是必须坚定理想信念，筑牢思想防线，永葆共产党人的政治本色。作风是一个政党的形象，它反映了党员和领导干部的世界观、价值观、人生观，体现了其政治素质、个人品德和精神境界。作风务实是党的一贯传统。我们党理论联系实际、密切联系群众、批评与自我批评这三大作风，从根本上说就是体现了"实践第一"的马克思主义认识论和方法论。因此，只有思想上求实了，作风上才能务实。

（三）既要内心认同，又要外在体现

"不忘初心"分为内在和外在两个层面。从内在讲，"不忘初心"就是要拥有发自真心的认同感，即目标认同、道路认同、价值认同；从外在讲，就是要把这份认同感转化到工作实践中，以初心引领、指导、推动我们的工作。因此，主题教育不是脱离实践、脱离群众的孤芳自赏式的教育，更不是口头马克思主义和政治作秀，而是体现在理论上的与时俱进、政策上的惠及民生、行动上的创先争优。

然而，在现实生活中，少数单位和少数党员却表现得不是那么纯洁、纯粹，主要表现在以下五个方面。一是理想信念迷失。个别党员干部觉得共产主义虚无缥缈，可望不可即，存在不讲党性讲私心、不讲原则讲义气、不讲奉献讲享受的不良倾向。二是道德品质沦丧。部分党员干部漠视社会公德，淡忘家庭美德，不守职业道德，不修个人品德。三是组织功能弱化。其表现为：不是战斗堡垒，而是在堡垒里战斗；不是旧貌换新颜，而是山河依旧；不是人民群众的主心骨，而是逐渐变为朽木；不是最广大人民群众根本利益的忠实代表，而是利益部门化、利益家族化、利益阶层化的反面例子。四是工作作风漂浮。有的只唯上、只唯书，不唯实；有的依赖信息化技术，不讲鱼水情，不做调查研究，不在一线解决问题；有的规划多、部署多，抓落实少、见效少；有的对群众的诉求答应的多，解决的少，口惠而实不至，愚弄百姓。五是清正廉洁失律。个别单位存在是非不分、正邪不辨、公私无界、荣耻不讲的腐化不正之风。个别党员干部既不拘小节，更不顾大律，不该要的敢要，不该拿的敢拿，不该交的朋友敢交，不该讲的敢讲，不该去的地方敢去，不该玩的敢玩，不该吃的敢吃，不该办的事敢办，贪图享受，腐化堕落。

二、不忘初心，就是要把握好"五条原则"，突出方向性

简单地说，"不忘初心"，就必须从自律和他律两个方面着力，用自律来打底，靠他律来约束。

（一）要以崇高的信仰引领初心

中国共产党取得政权，取得中国特色社会主义一个又一个辉煌成就，吸引和激励一代又一代共产党人舍生忘死、前仆后继，靠的是什么？靠的就是共产主义的崇高信仰和严明的组织纪律。革命烈士夏明翰大义凛然地说："砍头不要紧，只要主义真，杀了夏明翰，还有后来人。"红色圣地延安为什么能够吸引热血青年、仁人志士？就是因为共产党主张的国家独立、民族解放、人民自由。"建设一个伟大的社会主义国家"的号召激励了一个时代的共产党人和全国人民战天斗地，让中国摘下了一穷二白的落后帽子。到了今天，我们正在朝着"两个一百年"的奋斗目标不懈努力，要实现这一目标，我们必须坚持以习近平新时代中国特色社会主义思想为指导，坚定走中国特色社会主义道路，坚定共产主义伟大信仰和信念！中国共产党党员作为中国工人阶级有共产主义觉悟的先锋战士，在任何时候都必须坚定共产主义崇高信仰，做到不动摇、不怀疑、不缺失，自觉经得起自由主义、享受主义、个人主义等各种腐朽、错误思想的侵蚀，以共产主义崇高信仰来引领初心，成就自我，自觉做到"情为民所系、权为民所用、利为民所谋"。

（二）要以高尚的操守坚持初心

《左传》中讲人生有"三不朽"，即立德、立功和立言，其中把"立德"放在第一位。司马光在《资治通鉴》中把人分为四类：有德有才的人是圣人，德胜过才的人是君子，才胜过德的人是小人，无德无才的人是愚人。司马光同时奉劝封建君王，选拔任用官吏要首选圣人，其次是贤人，避免选任小人，不用愚人，始终把"有德"放在选人用人的第一位。诸葛亮在《出师表》中告诫后主刘禅："亲贤臣，远小人，此先汉所以兴隆也；亲小人，远贤臣，此后汉所以倾颓也。"如果党员干部道德缺失，不仅严重影响党的路线方针政策的贯彻落实、阻碍改革

开放的推进和中国特色社会主义市场经济的发展、损害社会主义道德和社会风气、损害党和政府的形象，更为严重的是造成权力腐败，毒化人的心灵，败坏社会风气。历史和实践反复说明，道德和品德是智慧和能力无法替代的。每个共产党员要大力弘扬和坚守社会公德、家庭美德和职业道德，像莲花一样"出淤泥而不染，濯清涟而不妖"，争做新时代道德建设的示范者、诚信风尚的引领者、公平正义的维护者，自觉做到不为金钱所害、不为权力所累、不为人情所困、不为情色所乱。

（三）要以民本情怀践行初心

以民本情怀践行初心就是要改进作风，密切联系群众，发展好、维护好、实现好最广大人民群众的根本利益。不忘初心，其核心就是要保持民本情怀，始终与群众打成一片，坚持党的群众路线，从群众中来，到群众中去，知群众的冷暖，知群众的困苦，知群众的喜怒哀乐，通过密切与人民群众的血肉联系，净化我们的灵魂、心灵、思想、情感、作风，真正把群众的需求当作自己的追求，把群众的难处当作自己的痛处，把群众的幸福当作自己的幸运。要放下架子，俯下身子，花更多时间、更多精力，到群众中去走一走、看一看、问一问、听一听，把群众当亲人、拜群众为老师，人对人、面对面、手拉手、心连心地做好群众工作，解决群众的实际问题。当前，我国正处于全面建成小康社会和脱贫攻坚决胜阶段的关键时期，我们要真正从人民的愿望出发，提出发展目标、制定发展举措、实施发展项目，像关心亲人一样关心群众，像感受亲情一样感受民意，带着感情，拿出实招，千方百计解决人民群众最关心的热点、难点问题，真正实现"学有优教、劳有丰酬、病有良医、老有颐养、住有宜居"的目标。

（四）要以坚强的组织凝聚初心

党的组织是党的全部工作和战斗力的基础。党的组织建设是党的整个执政能力体系建设中的重要组成部分，是党的执政能力建设的落脚点。只有每一个基层党组织都纯洁、健全，充满活力和战斗力，整个党组织才能纯洁、健全，才能永葆活力和战斗力。要全面推进各领域党的基层组织建设，实现党的组织和党的工作全覆盖，做到哪里有群众、哪里就有党员，哪里有党员、哪里就有党组织，哪里有党组织、哪里就有健全的组织生活，做到充分发挥党组织作用。只有健全组织，党组织才有坚强的战斗力。

一是政治引领力要强。坚决贯彻执行党的路线方针政策，与党中央保持高度一致；党内学习、工作、生活制度健全，打造坚强的战斗堡垒；宣传群众、组织群众、教育群众、带领群众的功能突出，是人民群众的拥护者、支持者、守卫者。

二是推动发展力要强。紧扣以发展为第一要务这个核心，以高质量发展为主题，以转变发展方式为主线，实现产业兴旺、生态宜居、乡风文明、治理有效、生活富裕。

三是改革创新力要强。党的组织工作创新力强，充满生机和活力；党的队伍朝气蓬勃，先锋模范作用突出；经济发展动力强劲，实现可持续发展；社会管理创新，社会和谐、民主、文明。

四是保障凝聚力要强。落实党风廉政建设责任制，推进惩治和预防腐败体系的建设，盛开廉洁文化之花，单位无违法、违纪、违规现象发生；思想政治工作做到人民群众的心坎上，人民安居乐业，干部职工队伍充满活力；党组织的战斗堡垒作用和党员的先锋模范作用突出，是人民群众的旗帜和方向，是最广大人民群众根本利益的忠实代表和维护者。

（五）要以严肃的法纪守护初心

要始终坚持"党要管党、从严治党"的方针，进一步建立健全党内纪律、制度和法规，用制度管人、管事、管权，筑牢"防火墙"。要严格按照党章规定和保持党的纯洁性的要求，严把入口、加强教育、强化监督、畅通出口，坚决防止"带病入党"和"带病提拔"。对党员、干部中出现的苗头性、倾向性问题，要早发现、早提醒、早纠正，做到防患于未然。要敢于亮剑、敢于问责、敢于查处，着力惩处群众身边的腐败现象和问题，做到发现一个，坚决查处一个，以此来守护我们党的纯洁和个人的纯粹。

三、不忘初心，就是要践行好"五个要求"，发挥示范性

机关党员干部要按照"不忘初心、牢记使命"主题教育的要求，时刻对照自己、检查自己、完善自己，永葆共产党人的政治本色。

（一）要秉持对党忠诚的政治品格

忠诚，就是始终如一地恪守信仰、职责和情操，绝不背叛自己的誓言。"天下至德，莫大于忠。"对党忠诚、对人民负责，是每一位党员领导干部最重要的政治品格。机关工作的政治性、全局性、政策性很强，机关党员干部必须把政治素质作为第一素质，把忠诚可靠作为第一政治品德。

要忠诚于理想信念。机关工作部门因其工作的特殊性，对干部在政治上的坚定性、敏锐性和鉴别力的要求更高、更严，全体党员干部要坚定崇高的理想信念，坚持正确的政治方向，在大是大非面前旗帜鲜明，在关键时刻不迷失方向，经得起各种风浪的考验，为全市党员干部做示范、当表率。

要忠诚于事业。忠诚于事业，是纯洁性的最好体现。机关全体党员干部要始终保持争创一流的精神状态，以"等不起"的紧迫感、"慢不得"的危机感、"坐不住"的责任感，在转变发展方式、破解发展难题、推进项目建设、维护和谐稳定、改善民计民生上想实招、出实力、求实效。

要忠诚于党组织。要坚持"个人服从组织，少数服从多数，下级服从上级，全党服从中央"的组织原则，在思想上、政治上、行动上始终同党中央保持高度一致。任何场合、任何时候都要维护党委的权威和领导的威信，决不在背后议论，更不能信谣、传谣，做到令行禁止，确保政令畅通。

（二）要保持争先为荣的进取意识

一是工作标准要一流。一位哲人讲过："伟大的动力产生于伟大的目标。"以高标准做事，可以出精品；以低标准干事，只能出粗品或次品。各工作部门要以"零失职、零差错、零容忍"的教育活动为载体，树立一流的工作标准，保持一流的工作状态，创造一流的工作业绩，广泛开展"创先争优、争创一流"竞赛活动。

二是工作落实要迅捷。要养成"马上就办"的作风，说一句是一句、句句算数，干一件成一件、件件落实。要分清轻重缓急，确保要事快办、急事先办。特别是对党委的重大决策部署和领导交办的事项，要在第一时间内抓紧落实，决不拖延推诿。

三是工作执行要有力。坚持围绕中心、服务大局，带头执行好决策部署，以开拓创新的精神、扎实有效的工作，为经济社会发展提供强有力的保障。比如，党委办公室要提供优质的服务保障，组织部要提供坚强的组织保障，纪委要提供严明的纪律保障，宣传部要提供正确的舆论保障，统战部要提供和谐共事、凝心聚力的大团结保障，群团组织要按照"党有号召，我有行动"的要求，把人民群众动员起来、组织起来，充分发挥"生力军"和"半边天"的作用。

（三）要强化务实肯干的工作作风

要想事业成功，必须崇尚实干。一方面，各部门单位要树立良好的用人导向，以实干论英雄，凭实绩选人才，让有能力、能干事、肯吃苦的干部看到希望，不断激发干部队伍的活力、创造力和战斗力。另一方面，党员干部要加强学习，深入开展技能竞赛活动，努力把自己锻炼为"开口能讲，提笔能写，问策能对，遇事能办"的全能型、实用型人才。做工作要像写檄文一样充满激情，树雄心、立壮志，坚定信心，奋发有为；要像写论文一样严谨求证，把思想统一到市委的决策部署上来；要像写应用文一样，一字一义，实实在在，做"干将"、不做"谈匠"，一件件工作抓落实；要像写杂文一样，不拘一格，创新突破，用新办法、新路子解决困难和问题。"有为"就会"有位"，只要自己肯做事、会做事、不出事，就一定会得到群众的认可，受到组织的重用。

（四）要坚持群众至上的民本情怀

要始终对群众付出真情。只有对群众真心实意，才能为群众尽心竭力。从张思德"全心全意为人民服务"的人生追求，到郑培民"做官先做人，万事民为先"的行为准则；从牛玉儒"立党为公、执政为民"的公仆本色，到任长霞"执政为民，关爱百姓"的深切情怀；从焦裕禄"为党为人民鞠躬尽瘁，死而后已"的奉献精神，到杨善洲"为当地群众做一点实事不要任何报酬"的具体承诺，无不饱含着对人民的深情。

具体来说，要始终保持"三心"：一要热心，把群众当亲人、当朋友，同群众多接触、多交往，把群众的实际困难看成大事、要事、急事，抓紧研究解决，竭尽全力去办；二要真心，坚持心里装着群众，凡事想着群众，工作依靠群众，一切为了群众；三要耐心，多一些换位思考，多一些交流谈心，耐心做好群众的思想工作，及时解开群众的思想疙瘩，维护好群众的合法权益，当好群众的贴心人。要坚持为群众办实事。扎实深入开展群众工作日主题活动，掌握群众所思、所困、所恶、所盼，全面了解群众的各种利益诉求，办好顺民意、解民忧、惠民生的实事。要办好关乎全局的事，真正用实实在在的发展成果惠及千家万户，泽被广大群众；要办好人民急需的事，根据群众的现实需要，坚持从群众最关心的热点问题抓起，从群众最希望办好的事情做起，做到把好事办在群众开口之前，把实事办在群众急需之处；要办好惠及长远的事，不能急功近利、只顾眼前，更不能寅吃卯粮、涸泽而渔，不因"一代人的政绩"，留下"几代人的包袱"。

（五）要严守廉洁自律的行为底线

首先，要看得清自己。古话说："知人者明，自知者智。"作为共产党员，要经常问问自己："当初入党为了什么？现在为党做了什么？"要不忘初心，"以人为镜"，寻找差距和不足，主动约束和规范自己的言行，不断提升自己、超越自己。

其次，要耐得住寂寞。公园里的灌木因为有园丁的经常修剪，才能成为悦目的风景、赏心的景观。党员干部要时常修剪自己的"欲望"，坚持做到"在寂寞中坚守，在非主流中坚持"。无数事实证明，只要意志坚定，朝着正确的目标一直走下去，定能成就一番事业；如果浅尝辄止，过不了最难走的一段路，在最需要坚持的时候选择了放弃，定然功亏一篑，留下深深的遗憾。

最后，要抗得住诱惑。要经得起成功带来的陶醉感。宋人张咏在《劝学篇》中说："放荡功不遂，满盈身必灾。"在成功面前，要保持冷静、保持理性，认真总结、认真反思，如果忘乎所以，往往摔得很重。要经得起名利的考验。时刻牢记自己的职责和身份，时刻保持清醒的头脑，真正做到慎独、慎微、慎始、慎终，始终保持清正廉明、一身正气。《颜子家训》有言："上士忘名，中士立名，下士窃名。"或许我们当不了上士，但绝不能做下士，要多做老百姓夸奖的事，争留老百姓津津乐道的"口碑"之名。要经得起享乐主义的侵袭。玩物必然丧志，这是千古箴言。机关的同志担负着繁重的任务，要把工作当生活，把学习当快乐，把精力集中到工作上来，集中到学习上来，以较高的个人素养、良好的工作业绩，服务于人民，服务于大局，以个人的优良形象维护党委和人民政府的形象。

范文二

不忘初心，要有"牛"精神，当"牛"人
——"不忘初心、牢记使命"主题教育专题党课

按照"不忘初心、牢记使命"主题教育的部署安排，今天由我给大家讲这堂专题党课。因为大家都是各单位的"一把手"，给大家讲课体现了一种导向，所以选题很重要。为了提前备好课，前段时间我进行了深入思考，并与市委办公室的同志进行了交流探讨，最后确定这堂专题党课的题目为《不忘初心，要有"牛"精神，当"牛"人》。这既是对大家的希望，也是我的自勉。

一、不忘初心就是要发扬拓荒牛精神，以带班为先，当敢为人先的"牛"人

自古以来，生活在我们这个地方的先人们就以能吃苦、霸得蛮、舍得死、以牛一样的韧劲为世人所称道。前省委书记×××曾这样概括："'××牛'的精神体现在工作上就是埋头苦干，体现在打仗上就是敢打敢拼，体现在修性上就是严格要求自己。"例如，毛泽东的"为有牺牲多壮志，敢教日月换新天"，就是霸得蛮的精神，就是××人的精神，就是"××牛"的精神。大家都是一把手，很多人在任职之初，都是我跟大家谈的话，大家当初的表态我都一一记录在笔记本上，大家的一句句豪言壮语，一声声庄严承诺，都体现了你们的初心。作为这个地方的责任人，大家一定不能忘了自己的初心，要继承和发扬不甘落后、永不服输、敢为人先的拓荒牛精神，善谋他人所不曾谋，敢为他人所不曾为，以特别之谋为特别之位，以发展之举走发展之路，励精图治，不断进取，以新的精神状态、新的工作举措、新的作风形象，推动地方经济社会又好又快发展。

要当带领解放思想的"牛"人。解放思想不是老生常谈，更不是无病呻吟，

而是因为这是时代永恒不变的主题。改革开放四十多年的实践充分证明，解放思想是清除障碍的强大精神武器。纵观我市这几十年的改革成就，有成绩也有不足，有领跑也有滞后。我仔细琢磨了一下，认为我们发展上的不足归根到底还是观念上的不足、思想上的不足。当前，我们已经进入中国特色社会主义新时代，竞争日趋激烈，可谓千帆竞发、百舸争流，不进是退、慢进也是退是发展状况最真实的写照。在这种大环境、大背景下，我们强调各单位各部门的"一把手"要不忘初心，解放思想就显得尤为重要。大家作为"一把手"，作为解放思想的实践者、推动者和带领者，一定要坚持领导带干部，干部带群众，一级带一级，层层推进思想解放，努力以思想上的大解放推动经济社会的大发展。我们要学会创造性思考，勇于突破旧观念和旧体制的束缚，在激烈的竞争中抢占制高点、走出先手棋，带领广大干部群众为加快发展出其力、尽其责。敢为人先是我们的优良传统，务必将其发扬光大。无数事实表明，一个人要有所建树、有所成就，就要敢闯、敢试、敢冒险。如果怕担风险，怕犯错误，左顾右盼，畏首畏尾，许多事情就会被耽误，机会再多，我们也会与之失之交臂、擦肩而过。

要当带头大胆创新的"牛"人。 科技要创新，体制要创新，管理要创新，我们的领导工作也要创新。为此，希望大家要有创新的胆识，敢破敢立，有开拓进取、百折不挠的锐气；要有创新的思维，善于从形势的变化、他人的先进做法和基层的成功经验中借鉴提炼，结合本地实际深入研究和实践，走出既符合时代要求又具有自身特点的发展新路；要有创新的精神，勇于突破前人，敢于超越别人，要在全省的发展中赢得我们应有的地位，展现我们更大的作为。如果我们每一个同志都能大胆地开展工作，创造性地开展工作，我们整体的工作水平就会提高，发展速度就会加快。

要当带动真抓实干的"牛"人。 一切从实际出发，求真务实，真抓实干，是我们党一贯倡导的优良作风，也是我们自觉践行习近平新时代中国特色社会主义思想，赢得群众信任的重要保证。因此，"一把手"要成为脚踏实地、真抓实干的表率。近年来，我们的发展态势虽然较好，各项事业也有进步，但与兄弟县市相比，我们的发展速度相对落后了，差距相对拉大了，我们的压力很大，肩上的担子很重。但我们决不能继续落在后面，必须奋起直追，迎头赶上，步子更快一点，干劲更大一点，闯劲更足一点。为官一任，造福一方，我们尤其要树立正确的政绩观，坚持求真务实，说实话，鼓实劲，办实事，出实效，在其位谋其政，决不能碌碌无为，辜负党和人民的期望。

要当带班团结进取的"牛"人。要完成新时代赋予我们的光荣使命，必须依靠集体的智慧和力量。一个单位好比一架机器，"一把手"就是发动机，班子成员是传动器，中层干部是工作轮，干部群众就是螺丝钉。要保证机器的高效运转，需要大家团结协作、齐心协力。我们都要像爱护自己的眼睛一样维护团结，珍惜共同的机缘，讲团结，重协作。对上级，我们要当好参谋，抓好落实，搞好配合，讲好团结；对下级，要当好"班长"，带领、带头、带动、带班，努力谋求新发展。我国有句老话："有缘千里来相会。"为了党的事业，为了××的发展，为了实现人生的价值，我们走到了一起，这是一种难得的缘分。我们一定要珍惜这种缘分，始终意识到自己是集体的一分子，自觉做到识大体，顾大局，讲原则，守纪律，不说不利于团结的话，不做不利于团结的事，善于从团结中得到力量，从合作中找到方法，从集体中获得快乐。我作为这个集体的"班长"，一定身体力行，带头认真执行党的民主集中制，当"班长"而不当"家长"，总揽而不包揽，放手而不撒手，果断而不武断，努力在班子内部形成相互信任、相互支持、相互配合、相互帮助的和谐气氛。同时，希望大家共同努力，在班子中营造一种既有民主，又有集中；既能体现集体统一意志，又能让个人心情舒畅的氛围。在集体的领导下充分施展个人的才华，做好本职工作，在团结协作、和谐共处、同舟共济中带领全市干部群众干事创业，形成人心思齐、人心思干、人心思进的可喜局面。

二、不忘初心就是要发扬老黄牛精神，以干事为责，当坚韧不拔的"牛"人

作为主政一方的领导干部，我们必须把干事作为第一要务、第一责任、第一追求。从大的方面来说，这是职责和使命的要求，否则，组织不允许，人民不答应。从个人来讲，这是人生的意义和价值所在。"一把手"的人生到底该怎样设计？该设计些什么？当前，最重要的课题就是要设计好怎么干事，怎么在任期内实实在在地多干一些事，怎么在干事创业中服务社会、提升自我。在座的各位肩负建设"实力

××、活力 ××、和谐 ××"的历史重任，有机会在一定的领导岗位上主政一方，这是一个难得的机遇。我们要发扬艰苦奋斗、自强不息、坚韧不拔的老黄牛精神，珍惜大好机遇，用好手中的权力，为党和人民尽心尽职干事，用实实在在的工作和业绩，在 ×× 的发展史上写下浓墨重彩的一笔，让自己的人生更加精彩。

要当把握全局的"牛"人。作为"一把手"，要识时势，明大局，树立大局意识。一个部门、一个单位的工作是全市大局的组成部分，我们只有把本部门、本单位的发展放到全局中思考和把握，才能顺应全局的发展方向和根本要求，才能做出正确的判断和科学的决定。一要吃透上情，做到"心中有本谱"。要认真学习和研究中央、省的大政方针，知道当前和今后一段时期中央、省支持什么、鼓励什么、要求什么，努力把握统筹兼顾的根本方法，找准总揽全局的着力点和贯彻落实的结合点，抓好全局性、方向性、战略性问题。二要了解下情，做到"脑中有本账"。在改革不断深化、社会深层次矛盾不断显现、不确定因素日益增多的环境中，老百姓的急事、难事没有解决好或考虑不周全，完全有可能酿成不良后果。当发现影响本地改革发展稳定全局的苗头性、倾向性问题时，要全面掌握情况，掌握事态变化，增强驾驭全局的主动性。三要审时度势，做到"手中有杆秤"。全国和区域经济社会发展的总体情况如何，世界经济科技发展变化的趋势如何，我们要及时了解、及时掌握，从中及时把握本地发展的机遇、应规避的风险。在新时代，我们要积极主动地应对各种挑战，把中央的方针、政策和本地的具体情况结合起来，研究制定周密细致的应对措施，千方百计确保中央的方针政策的贯彻落实。

要当引领方向的"牛"人。"方向不明，道理不清。"老马能识途，"牛"人也必须可以。我们的"一把手"如果要促进本地区的经济繁荣，就要认清方向，找准发展定位，确定发展目标和发展战略，集中财力、人才和资源，以特色参与竞争，靠特色提高经济增长质量。目前，×× 的经济总量，特别是工业总量还不够大，经济结构欠佳，虽然地处省会的辐射中心，有区位优势，但没有将其较好地转化成交通优势和流通优势；有人文优势，但没有将其较好地转化为招商引资优势、开放优势和旅游优势。同时，农业产业化水平较低，旅游业基础设施相对薄弱。再加上财政比较紧张，财力有限，困难重重，压力很大。因此，抓工作不能求多求全，面面俱到，必须集中精力抓特色，以点带面盘活全局。要从本地特点、经济优势、资源禀赋、文化特色等实际情况出发，探索适合本地发展的思路，走具有本土特色的改革路子，充分利用市场机制的作用，激发经济社会发展的活力。大家回去要好好思考一下，本单位、本系统如何因地制宜，找准特色，发挥特长，做活特色文章。

要当善抓重点的"牛"人。"一把手"的工作繁多，如果事无巨细地"眉毛胡子一把抓"，就会陷入"捡了芝麻丢了西瓜"的被动局面。我们要学会"弹钢琴"，明确重点，把握重点，抓住主要矛盾，解决主要问题。抓重点就是要注意重大的政策性问题，抓好重要政策措施的制定和落实，运用政策推动全局工作；就要抓规划，抓长远，明确发展思路，确定切实可行的目标；就要抓重点项目、重点工程，抓重点责任单位和责任人。

要当推动落实的"牛"人。有位企业家说过，在新经济时代，大公司不一定能打败小公司，但是快的一定会打败慢的。这表明现代的市场竞争已不单纯是"大鱼吃小鱼"，而是"快鱼吃慢鱼"。企业发展如此，一个部门、一个单位的发展更是如此。怎样提高效能？简单地说，就是要快落实。首先要求大家要精心谋事，把心思和精力完全用在工作上，用在为人民群众谋利益上，做到"三少三多"：少提口号，多办实事；少琢磨上面知道不知道，多考虑群众需要不需要；少想对自己有利还是无利，多考虑对发展有益还是无益。我们要扑下身子，沉下心来，精心谋划推进经济发展、群众富裕、社会和谐的良方益策，以只争朝夕的精神干好分内事，管好分管事，抓好牵头事，每一项工作、每一个任务都要出效率、出形象。其次要求大家潜心干事。"一把手"想问题，做决策，干工作，要做到"三不"：不摆花架子，不搞形象工程，不事事张扬。以实干树威信，以实绩求发展。要大力弘扬"今天再晚也是早，明天再早也是晚"的工作理念，今日事今日毕，三步并作两步走，争时间，提速度，始终保持快节奏的工作状态。加快发展总会遇到这样那样的困难，任何时候、任何地方都会有困难。正因为现在我们有困难，我们才需要奋力拼搏，战胜困难，加快发展。我们要有战胜困难的能力和信心，抛弃怨天尤人、无所作为的思想，全力把各项工作做实、做好。

三、不忘初心就是要发扬孺子牛精神，以修身为本，当谦虚谨慎的"牛"人

中国人历来注重个人的道德修养。"修身、齐家、治国、平天下"，为政者

需先修身。"一把手"在一个单位、一个部门位高权重，往往监督难以到位。因此，"一把手"的自我教育尤为重要。我们要把提高个人修养当作本地工作作风和党风政风的示范、导向工作，发扬谦虚谨慎、乐于奉献的孺子牛精神，自觉进行党性锻炼、理性磨炼和德行锤炼，力求做政治上最纯洁、工作上最纯熟、品质上最纯粹的"牛"人。

要当政治上最纯洁的"牛"人。我们走的是新时代中国特色社会主义道路，我们干的是社会主义事业，我们肩负的是党和人民的重托。因此，一个优秀的"一把手"必须有远大的理想、坚定的信仰、正确的立场，用一句话来概括就是要讲党性。讲党性，就是要与党中央保持高度一致，始终坚持党的领导，牢固树立"四个意识"，切实坚定"四个自信"，坚决做到"两个维护"；讲党性，就是要与市委、市政府决策保持高度一致，确保将各项工作统一到全市的发展大局上来；讲党性，就是要坚持以人民为中心，与人民群众的利益保持高度一致，全心全意为人民服务，以人为本，关注民生，为群众解难事、办实事。一个地方在工作上是否有成绩，关键在班子，重点在班长。"一把手"在单位的一举一动、所作所为会在无形中对下属产生影响。我们讲党性，有正气，走得正，站得直，就会产生示范作用，这个单位就会朝气蓬勃。

要当工作上最纯熟的"牛"人。在现在这个时代，机遇与挑战并存，成功与困难同在。要战胜困难，把握机遇，往往需要丰富的知识与经验。我们要修炼智慧，增长才干，提高自身素质，做到"三勤"。一是勤学。学习是为未来而投资，为生存而积累，为发展而储蓄。对"一把手"而言，要把学习当作一种能力来锻炼和提高，当作一种资源来开发和利用，当作一种传统来继承和发扬，当作一项纪律来遵守和执行。我们既要带头学习党的理论、政策，又要加强对"四个全面""五位一体""乡村振兴"等知识的学习；既要做学习的组织者，又要当学习的带头人，带头建设学习型机关、学习型企业、学习型社区、学习型家庭。要从迎来送往、陪客应酬中脱离出来，挤出时间多读书，多与群众交朋友，戒骄戒躁，远离诱惑。二是勤思。要自觉深入实际，深入基层，从中了解实情，集思广益，了解工作中遇到的新情况、新问题，从而探索出解决各种问题的新途径、新方法。要善于学习和借鉴有益的经验，在比较中识别长短，鉴别优劣，在总结中提高自我。

三是勤砺。一个理论知识很丰富的医生，如果没有临床经验，那绝不是一个高明的医生。同样，个人修养必须通过社会实践来提高，需要在实践中磨砺。身处新时代，面对新的形势、新的任务，"一把手"必须在艰苦的工作环境中或较大的工作压力下磨炼自己，提升自己，这样才能处理好改革发展过程中出现的各种纠纷和问题，才能在纷繁复杂的变化中找到促进经济发展和维持社会稳定的根本途径。

要当品质上最纯粹的"牛"人。人品道德好比一个人的名片，如果人格高尚，人品高洁，那么这张名片的含金量就高，这个人就能获得众人的尊敬。一名优秀的"一把手"要胸怀三种意识。一是责任意识。强烈的责任意识是一个人成功的基本条件。有了强烈的责任意识，才能在工作岗位上有所作为，建功立业。二是奉献意识。吃亏是福，奉献最美。凡是精神高尚的人都是乐于奉献的人。我们要把无私奉献作为崇高的精神境界去追求、去践行，在奉献中享受人生的快乐。三是公仆意识。"一把手"的位置不是享受生活、潇洒人生、肆意妄为的"魔杖"，"一把手"要"站起来当伞，为百姓遮风挡雨；俯下身做牛，为人民鞠躬尽瘁"，永远做人民的好公仆。做人，最难能可贵的是有一颗平常心，要有"宠辱不惊，去留无意"的豁达胸怀和"淡泊以明志，宁静以致远"的心境，常修为政之德，常思贪欲之害，常怀律己之心，时刻自警、自省、自重、自励，自觉接受全市广大干部、群众的监督。今后，凡是要求他人做到的，我们市委一班人首先要做到，在座的各部门、各单位的"一把手"也要做到，不仅要喊响"向我看齐"的口号，而且要真正做到有资格"让人看齐"。

"政声人去后，民意闲谈中。"大家的任期都是有限的，但留下的形象是永久的，我们干出一份什么样的业绩，留下一个什么样的形象，才能无愧于党，无愧于人民，无愧于新时代，这需要我们每一位同志认真思考。希望大家不忘初心、牢记使命，以对党忠诚、对人民负责的态度，发扬"××牛"的精神，时刻以一种雷厉风行、快人一步的"牛"气，以一种不甘落后、永不服输的"牛"劲，当一名不用扬鞭自奋蹄的"牛"人，恪尽职守、扎实工作，努力开创新局面、取得新成绩！

范文三

坚持"四个始终不忘"
——"不忘初心、牢记使命"主题教育专题党课

党的十九大把"不忘初心"作为大会主题词,号召全党"不忘初心,牢记使命,高举中国特色社会主义伟大旗帜,决胜全面建成小康社会,夺取新时代中国特色社会主义伟大胜利,为实现中华民族伟大复兴的中国梦不懈奋斗"。

为此,报告提出,以县处级以上党员领导干部为重点,在全党开展"不忘初心、牢记使命"主题教育。这次大会结束后,中央将安排启动这项主题教育。那么,作为基层的党员干部,怎样才能"不忘初心"呢?之前,我与县委办公室的同志进行了探讨,自己也做了一些深入思考,并进行了归纳梳理,认为我们应做到"四个始终不忘"。

一、始终不忘理想信念这一根本

古人说:"求木之长者,必固其根本;欲流之远者,必浚其泉源。""本根不摇,则枝叶茂荣。"理想信念是我们共产党人安身立命的根本,是我们在任何时候都能经受住各种风险考验的精神支柱。在党的历史上,无数革命先烈在生与死的考验面前威武不屈、慷慨就义,无数共产党员为党和人民的事业鞠躬尽瘁、死而后已,为什么我们的革命先烈面对血雨腥风、残酷惨烈的考验,无所畏惧,或抛头颅、洒热血,或赴汤蹈火、舍生忘死,或任劳任怨、鞠躬尽瘁呢?因为他们抱有对马克思主义的崇高信仰,对共产主义和社会主义的坚定信念。如果没有或者丧失理想信念,一个人就像漂泊在大海中的小舟一样,会失去目标和前进方向,最终"风流总被雨打风吹去"。怎样才能保持理念信念不丢不忘、不偏不移?我认为应从以下几个方面着力。

强化理论学习。学习正确的理论知识，才能保持坚定的政治立场。我们党是一个重视学习、善于学习，在学习中不断成长发展的马克思主义政党。每到重大关头、关键时期，我们党都大力倡导学习，通过学习赢得胜利，通过学习走向辉煌。当前，我们要把深入学习宣传贯彻党的十九大精神，从严推进"两学一做"学习教育常态化、制度化和务实开展"不忘初心、牢记使命"主题教育作为最重要的政治任务，将三者有机地结合起来，推动习近平新时代中国特色社会主义思想入脑入心，从而做到知行合一，自觉用党的理论武装头脑、指导实践、提升修养。

筑牢信仰之基。信仰是一个人内心的指路明灯，它能照亮一个人的人生之路。没有信仰的人生，犹如在黑暗中行路、在逆水中行舟，没有目标，不明方向，只能随波逐流，浑浑噩噩地过一辈子。我们的先辈就是凭借着对共产主义的信仰，让我们伟大的国家走到了今天。但是我们的党员是不是人人都筑牢了信仰之基呢？无论是在我们党的历史上，还是在今天，总有一些党员的理想信念不够坚定，丧失了对共产主义的信仰，失去了对社会主义前途的信心，千方百计给自己"找退路""留后路"，甚至与党离心离德，腐化堕落。所以，不论时代如何变化，不论遇到什么困难，我们都要坚定马克思主义、共产主义的"主心骨"，拧紧世界观、人生观、价值观这个"总开关"，坚定我们各级党组织和广大党员的理想信念，并将其转化为推动我县负重前行、爬坡过坎的动力。

恪守忠诚品格。"人之忠也，犹鱼之有渊。""天下大德，莫过于忠"。这种忠诚不是对个人的崇拜，而是对我们中国共产党的无限热爱、无限敬仰、无限崇拜、无限忠诚。具体到当前来讲，就是要树牢政治意识、大局意识、核心意识、看齐意识这"四个意识"，坚定中国特色社会主义道路自信、理论自信、制度自信、文化自信这"四个自信"，做到"四个服从"，即党员个人服从党的组织，少数服从多数，下级组织服从上级组织，全党各个组织和全体党员服从党的全国代表大会和中央委员会，坚决与以习近平同志为核心的党中央保持高度一致，与省委、市委保持步调一致，坚决落实县委各项决策部署，以强烈的政治担当和党员意识，真正把在党言党、在党爱党、在党忧党、在党为党落到实处，让党性更坚强、立场更坚定。

二、始终不忘推动发展这一要务

发展是硬道理，是真功夫，是第一要务，是解决一切问题的金钥匙。我们党从诞生之日起，就把发展作为根本任务，努力以推动发展的实际效果来实现自身的先进性。特别是党的十八大以来，我们党坚持用发展的办法解决前进中的问题，取得了举世瞩目的辉煌成就，我国的社会主要矛盾也发生了深刻变化，已经由人民日益增长的物质文化需要同落后的社会生产之间的矛盾，转化为人民日益增长的美好生活需要和不平衡不充分的发展之间的矛盾，充分验证了"发展才是硬道理"的思想。我县的发展离不开百万人民的共同奋斗，更离不开全县各级党组织和广大党员干部的示范带动。但是，一个地方发展得好不好、快不快，主要看各级领导干部这个"关键少数"的发展思路清不清、责任心强不强、敢不敢不担当、能不能发挥好带头作用。怎样抓发展、干事业呢？我认为关键要做到以下三方面。

解放思想，与时代同步。越是进入新时代，越要解放思想。思想是行动的先导，思想越开放，视野越宽广、行动越自如、格局越宏大。是否具有开放超前的思想，是衡量领导干部行政能力的重要指标，也直接影响到一个地区、一个部门工作的成效。我们县历来民风比较淳朴，质朴憨厚、重义守信是我县群众的标签。这种性格又好又不好，一部分人形成了封闭保守、夜郎自大的落后思想，养成了求稳怕乱、得过且过、守土为本的思维习惯，这对我们的发展是不利的。俗话说："思想守旧，迈不开步；思想保守，永远受苦。"我们必须大张旗鼓地在全县解放思想。如何解放思想呢？领导干部带头是关键。面对日趋激烈的竞争形势，我们的领导干部一定要率先打开解放思想的"总阀门"，以新的思维、新的观念谋求新的发展。解放思想一定要转变思维方式，敢于打破怕出毛病、怕犯错误的观念，自觉做到"三个解放出来"，坚决冲破"思维瓶颈"，破除不想管事、怕得罪人的思想，破除部门利益、个人利益固化的藩篱；一定要增强超前意识，见微知著，料事如神，"金风未动蝉先觉""春江水暖鸭先知"，力争快人一步、抢先一拍；一定要解决实际问题，凡是符合创新、协调、绿色、开放、共享的发展理念，有利于发展、有利于老百姓的事情，都应少讲"不能办"，而应多想"怎么办""如何干""如何干得出彩"；一定要把握客观规律，讲求科学精神，做到"吃透上情、摸清下情""不离上级谱、唱活地方戏"，真正使各项工作体现时代性，符合规律性，富于创造性。

担当尽责，用实干说话。俗话说："顺境逆境看胸襟，大事难事看担当。"担当既关乎能力，更关乎品格。推动地方发展，最需要担当；加快干部成长进步，最需要的也是担当。担当靠什么？靠实干。实干靠什么？靠大胆干。深圳人以"杀出一条血路来"的英雄气概，敢闯敢试敢冒险，创下了举世惊叹的一个个"第一"；温州人在资源并不占优势的情况下，"无中生有、小题大做、举轻若重"，创造出了人人向往的"温州模式"；昆山人敢于"吃螃蟹"，创立了全国第一个县级开发区、第一块土地批租、第一个出口加工区，在"摸着石头过河"的过程中创造了发展奇迹。当前，我们的各项任务都比较繁重，比如房屋的征拆、项目的落地、改革的推进，都是我们绕不过去的坎，但我们就是要有"明知山有虎，偏向虎山行"的勇气，迎难而上、勇于担当、攻城拔寨，要创新思路、创新机制、创新办法，要敢于到征拆一线去练一练、到项目一线去战一战，敢于到改革的深水区蹚一蹚，用实干赢得掌声、赢得点赞、赢得未来。

创先争优，向一流迈进。当前，我们面临的形势越来越严峻，前有标兵跑得快，后有追兵追得紧，我们面临的压力是空前的，挑战是前所未有的。特别是在这个时候，我们的干部表现出的精气神令人十分担忧，我县干部队伍存在求稳怕乱、开放进取的意识不强的问题，干部在工作中满足于一般水平，进位争先的意识不强，创先争优的氛围不浓，这些问题直接影响了我们的发展。以小康指标考核为例，大家只求过得去，不求过得硬。有些指标只要稍加争取本可以走在前面，但大家却放任自流，甘心排在中间；有些指标可以争取排在中间，大家却自愿放弃，以至于垫底，这是对我们的工作极端不负责任的表现。所以，我们的领导干部、各级党组织和广大党员必须从现在做起、从自身做起，下定决心、坚定信心，牢固树立"说了就算、定了就干、干就马上干、干就干一流"的工作作风，各项工作瞄准全市一类、一流的目标，想尽千方百计，用好一切办法，创先争优，奋力拼搏，与全市各项工作同频共振，打个漂亮的翻身仗，全力开创全县上下齐心协力抓发展的局面。

三、始终不忘为民服务这一宗旨

民心向背，是决定一个政党、一个政权盛衰的根本因素。一切国家机关工作人员，无论身居多高的职位，都必须始终把人民放在心中最高的位置，始终坚持全心全意为人民服务，始终为人民的利益和幸福而努力工作。党员领导干部是人民的公仆，是执行党的群众路线的组织者和推动者，肩负着党的重托和人民的厚望。党员领导干部和广大党员要牢固树立以人民为中心的发展理念，始终饱含民本情怀，时时刻刻把人民群众的利益放在至高无上的位置，在改善民生民利、增进民生福祉的工作中赢得群众的信任与支持。

心中装着群众。这是思想感情和立场问题，是领导干部为民谋利的首要前提。古人说："民为贵，社稷次之，君为轻。""水能载舟，亦能覆舟。"几千年来，从盘庚的"重民"思想、周公的"保民"思想到孔子的"爱民"思想等中国传统政治文化，都充分反映了民本思想。人民是历史的创造者，是决定党和国家前途命运的根本力量。我们党来自人民，植根于人民，服务于人民，人民在我们心里有多重，我们在人民心里就有多重。而有些党员干部心里没有群众，利字当先，凡事先为自己和亲属着想，先为自己的小团体着想。大量的事实证明：不想群众，就会失去人心；只想自己，必然被人民抛弃。我们每一位领导干部，都应该不断增强群众意识，坚定人民利益高于一切的公仆意识，奉行"万事民为先"的行政理念，时刻把群众的安危冷暖挂在心上，真正把群众的事当作自己的事。与人民群众同呼吸共命运的立场不能变，全心全意为人民服务的宗旨不能忘，人民群众是真正英雄的历史唯物主义观点不能丢。只有这样，才能永葆共产党人的革命本色，永远得到人民群众的爱戴和拥护，党的各项事业才能无往而不利。

一切为了群众。这实质上是一个宗旨意识和群众观点问题，是领导干部为民谋利、保持先进性的根本问题。我们一定要保持清醒的头脑，牢记党的宗旨，坚持以人民为中心的发展思想，始终站在党和人民的立场上想问题、办事情。每做出一项决策，每开展一项工作，都要以人民群众的拥护、赞成、满意、认可为出发点和归宿，以是否符合最广大人民群众的根本利益为最高评判标准，努力使我们的各项决策部署和全部工作都能充分体现人民群众的利益，真正做到权为民所用、情为民所系、利为民所谋。

充分依靠群众。这实质上是执行群众路线的问题，是为民谋利的工作方法问题。我们党的根基在人民、血脉在人民、力量在人民。一切依靠群众，历来是党的事业不断取得胜利的重要法宝，也是党始终保持生机与活力的重要源泉。现在，我们的个别领导干部高高在上，当官做老爷，严重脱离群众，甚至专横跋扈，压制民主，欺压群众，极大地损害了党在人民群众中的形象，影响了党和人民的关系。试问，这样的领导干部能为民谋利吗？依靠群众，主要应该体现在思想、决策和工作上。要在思想上依靠群众。坚持从群众中来、到群众中去，着眼于推动经济社会发展，充分尊重群众、相信群众，善于在群众中寻找认识问题、分析问题、解决问题的途径和办法，真正把人民群众作为我们思想的原动力。要在决策上依靠群众。只有善于做群众的学生的人，才有可能做群众的老师。全县各级党组织和广大党员要带头尊重群众的首创精神，深入基层、深入群众，认真调查研究，善于倾听民意、集中民智、珍惜民力，促进各项决策的科学化、民主化。要在工作上依靠群众。我们的各项决策要依靠群众来制定，各项工作要依靠群众来落实。特别是当前改革处于攻坚阶段，发展处于关键时期，必须更加自觉地依靠群众、发动群众，举全县之力、集全县之智，推动经济社会实现跨越式发展。

密切联系群众。这是增进党与人民群众的鱼水之情的关键问题，也是我们党的传家宝。人民群众是我们党的力量之源、胜利之本、执政之基，每一个党员都从群众中来，也要到群众中去。作为党员领导干部，应该带头发扬党的优良传统，善于联系群众，带头团结群众，和群众交朋友，与群众同甘共苦、打成一片，真心实意地做群众的贴心人。广大党员干部一定要带着真诚和善意沉下心来"走进去"，倾听和反映人民群众的愿望、呼声和要求，掌握工作的主动权。

真心服务群众。做群众工作，没有终点站，只有连续不断的新起点。群众利益无小事。我们必须牢记全心全意为人民服务的宗旨，深怀爱民之心，恪守为民之责，善谋为民之策，努力从群众最关心的问题抓起，从群众最希望办的事情做起，从群众最不满意的地方改起，抓住人民群众最关心、最直接、最现实的利益问题，抓住最需要关心的人群，一件事情接着一件事情办、一年接着一年干，锲而不舍地向前走。要切实解决好水、电、路、气、暖等事关群众切身利益的实际问题，不断改善群众的生活条件，努力使发展的成果惠及全县人民；切实解决好农村困难户、城市低保户等弱势群体的生活困难问题，及时把党的关怀送到群众的心坎上；切实解决好失地农民安置、国企改制和下岗职工再就业等群众反映强烈的热难点问题，及时化解新形势下的人民内部矛盾，促进社会公平和正义，努力实现好、维护好、发展好人民群众的根本利益。群众的事情，看似民生小事，却是"一枝一叶总关情"，我们要多做一些雪中送炭、急人之困的工作，少做一些锦上添花、花上垒花的虚功，要让人民群众真正感受到党和政府的关怀和温暖。

四、始终不忘纪律规矩这一底线

古人说："欲知平直，则必准绳；欲知方圆，则必规矩。"党要管党、从严治党，就要依靠严明的纪律和规矩，这也是巩固党的团结统一、增强凝聚力和战斗力的重要保证。中国共产党在革命、建设、改革的各个历史时期，都始终高度重视党风廉政建设和反腐败斗争。我们有一贯的传统，有具体明确的要求。党的发展史告诉我们，只有重视和解决好反腐倡廉这一重大问题，坚守纪律规矩，我们党才能得到最广大人民的拥护和支持，才能不断巩固执政地位，永远立于不败之地。

常怀敬畏之心。我们每一个共产党人都应该心存敬畏。这个"敬畏"是敬畏组织，我们应该敬畏组织的纪律与规矩，敬畏组织的教育与培养，敬畏组织的信任与监督，摆正个人与组织的关系，始终牢记自己是组织中的一员，坚持"四个服从"，坚持重大事项请示报告的组织程序，坚持不折不扣落实上级决策部署的组织纪律，始终相信组织、依靠组织、服从组织。这个"敬畏"是敬畏法纪，触及法纪，我们就有可能粉身碎骨，遗臭万年，古人都讲："王子犯法，庶民同罪"，党纪国法是每个党员干部的戒尺，党纪国法的红线不能逾越，全体党员特别是党员领导干部必须把党的纪律规矩刻印在自己的心上，把严守纪律规矩当作每日的必修课，看牢自己、管住家人、谨慎交友，坚决守好自己的精神家园。这个"敬畏"是敬畏人民，中国共产党人的初心和使命，就是为中国人民谋幸福，为中华民族谋复兴，离开了人民，就违背了初心，丧失了依靠。唯有让党员干部为了群众淬党性、依靠群众出成绩、深入群众明得失、服务群众求进步，才能严谨慎重、毫不懈怠地运用权力为人民谋利益，老老实实、诚诚恳恳地接受人民群众对权力运行的监督。广大党员干部只有心存敬畏，才可行稳致远。

常怀廉洁之心。清正廉洁，是党和人民对党员干部最起码的要求。老百姓最痛恨腐败。群众看干部，首先就要看其是否廉洁。一个领导干部即使再有工作能力和工作水平，自身若不廉洁，在群众中照样没有威信。古人说："吏不畏吾严而畏吾廉，民不服吾能而服吾公。廉则吏不敢慢，公则民不敢欺。公生明、廉生威。"经济越发展，社会越进步，群众对党员干部廉洁的期望值就越高，对党员干部的一言一行、一举一动，都看在眼里、记在心上。"高飞之鸟，死于美食；深泉之鱼，死于芳饵。"我们必须以此为戒，我们党员干部都要自觉把党员身份作为严格的约束，从小事做起，从细节抓起，切实做到言行举止不逾矩、不越轨。特别要抓好《中国共产党廉洁自律准则》和《中国共产党纪律处分条例》的贯彻落实，始终绷紧拒腐防变这根弦，慎初、慎微、慎欲、慎独、慎终，不取不义之财，不受无功之禄，不去不净之地，不交不正之友。要自觉接受党内外的监督，不仅要管好自己，还要管好亲属和身边的工作人员，真正做到一身正气，一尘不染，树立起为民、务实、清廉的良好形象。

常怀公正之心。公道凝聚人心，正派净化党风。党员是党的"细胞"，其作风不正，必然侵蚀党的"肌体"，影响党的形象。然而，在现实工作和生活中，有的领导干部奉行"好人主义"，经常当"和事佬""和稀泥"，甚至拿原则换好处，拿原则换人情，热衷于营造自己的"熟人圈""关系圈"，这都是十分错误的，必须坚决抵制。对于党员领导干部来说，无论职位有多高，权力有多大，都必须把公道处事作为从政的基本准则，讲真理不讲面子，讲原则不讲私情，做到一心为公、不谋私利，对己清正、对人公道。尤其是在用人和团结两个方面，要特别注意把握好这一点。在用人问题上，必须出以公心，唯才是举，重品德、重实绩、重公论，严格执行党政干部选拔任用条例，坚持任人唯贤，不搞亲亲疏疏，坚决反对跑官要官、搞小团伙，在全县上下形成良好的用人导向。在团结问题上，要以大局为重，倍加珍惜团结共事的缘分，认真贯彻民主集中制，坚持大事讲原则、讲党性，小事讲谅解、讲风格，班子成员之间相互尊重、相互信任、相互支持、相互补台。党员领导干部既要善于团结志趣相投的人一道工作，也要善于团结与自己有不同意见的人开展工作，和衷共济，同心协力，形成推动跨越式发展的强大合力。

第五章

学习体会

学贵专精
——学习体会的三十二种写法

▼

通常，一篇学习体会应至少包括三个部分：开头、主体、结尾。这是最基本、最简单、最常用的框架。不管在哪行哪业、用哪个风格，写学习体会都"万变不离其宗"。三个组成部分，每个部分都可以采用不同的写法。

一、开头引入

开头可以采用四种写法，打好四副牌。

第一种，情感牌。这是指着重从感性认识上谈认识、谈体会。

举例如下。

几天来，通过学习原文、带头讨论、参加活动，我感到报告主题鲜明、思想深邃、内涵丰富、催人奋进，我进一步加深了对五年来取得的历史性成就的认识，进一步加深了对新时代中国特色社会主义的理解，进一步增强了对党的爱戴和信心，进一步激发了在岗位上建功的内动力。现结合实际，汇报几点体会。

第二种，理性牌。这是指从理论的角度阐述自己的理解，突出讲内涵、意义、感悟。

举例如下。

报告系统总结了过去五年党和国家事业发生的历史性变革，深刻阐述了习近平新时代中国特色社会主义思想，提出了一系列符合当代中国实际的重大战略举措，是我们党迈向新时代、开启新征程、续写新篇章的政治宣言和行动纲领。学习贯彻会议精神，就是要用心学习习近平新时代中国特色社会主义思想，密切联系思想和工作实际，从政治和大局上向核心看齐，在学思践悟中融会贯通，在考验和磨砺中提高觉悟，做到内化于心、外化于行，真正以实际行动把大会的各项工作部署在本行业落到实处。

第三种，叙述牌。这是指以叙述的手法介绍学习的时间、背景，抒发学习的感受和体会。

举例如下。

10月18日上午9时，我们组织观看了开幕式，共同聆听了报告。而后，我又参加了两次专题讨论、观看了《辉煌中国》等政论教育片，通过系列学习，感到报告字字精彩、指向鲜明、催人奋进。作为一名普通党员，我们心情特别激动、精神特别振奋，现汇报几点体会。

第四种，引用牌。这是指围绕某个观点或某段论述，谈自己的感想和体会。

举例如下。

报告深刻指出："青年一代有理想、有本领、有担当，国家就有前途，民族就有希望。"作为新时代的一名普通青年，我认为学习贯彻大会精神，就是要坚定理想信念，志存高远，脚踏实地，把个人梦融入中国梦，在工作实践中努力书写精彩的人生篇章！

二、主体铺开

主体应怎样铺开呢？一般来说，只要开好了头，下面的内容应该就顺理成章、水到渠成了，但要写得行云流水、自然流畅，还要讲究一点方法。综合比较，相对容易上手的方法是，正文按照平行并列的逻辑关系来写，每段大概有以下几种写法。

第一种，引用＋个人理解＋打算。这是指引用一段原文，再加上个人的理解或认识，然后再铺开写几点打算。

举例如下。

我的第一点体会是：思想建设是党的基础性建设。报告指出，这一论述为加强新时代党建工作明确了方向、提供了依据。大家也常讲，思想认识的深度决定工作开展的力度。历史和实践也反复证明，任何问题都能从思想上找到原因、从认识上找到症结。对此，我将把加强思想建设、强化党性观念作为首要着力点，深入学习系列重要讲话精神，认真研读各级下发的相关指示，拓展学习党史经典书籍，不断拧紧世界观、人生观、价值观这个"总开关"。

第二种，感受 + 客观要求 + 打算。这是指先谈感受，再谈要求，最后讲打算。举例如下。

我的第一点感悟是：报告通篇彰显着新时代中国共产党的历史担当。报告强调，中华民族伟大复兴，绝不是轻轻松松、敲锣打鼓就能实现的。这就要求我们，必须不断强化责任意识，始终以时不我待的精神尽好职责。结合工作实际，重点体现在以下三个方面。一是提升能力。能力不过硬、责任难履行。我将始终保持"本领恐慌"，平时多学习、多思考、多总结、多反思，不断提升岗位必需的各种能力。二是提高标准。标准反映责任。工作没有标准，责任就会落空。我将对照上级要求、对照岗位需求、对照工作实际，不断立标准、抠标准、查标准，确保干一件成一件。三是提振状态。有什么样的精神状态，就有什么样的工作落实。我将始终保持岗位本色，不忘入党初心，以一流的工作状态践行宗旨。

第三种，报告 + 数据解读 + 打算。这是指先引用一段内容，然后通过列举数据、事例进行拓展性解读，最后谈下一步的打算。
举例如下。

第一点体会——创新引领发展。报告指出，要瞄准世界科技前沿，强化基础研究，实现前瞻性基础研究、引领性原创成果重大突破。十八大以来的五年，"天宫""蛟龙""天眼""悟空""墨子"等一大批科研成果相继问世，有些方面在世界同等领域还呈现领跑局面。这些成果的取得，其中一个重要原因就是我们始终坚持创新引领，积极向科技要效益。对此，我们要不断更新发展观念，不能只满足于"拿来""借鉴"，而要坚持人力、财力、物力、政策的倾斜，充分发挥主观能动性，确保让创新的活力充分释放、竞相涌流。

第四种，围绕引用的内容单独展开。这种写法与其他写法不同的是，它仅仅把某个论述作为撰写学习体会的切入点，然后秘书就可以根据引用的内容展开写学习体会。同时，这个引入只在整篇学习体会的开头部分提及即可。

举例如下。

把树立远大理想作为实现个人价值的基础。"做人如果没有理想，跟咸鱼有什么区别。"这句耳熟能详的电影台词能引起大家的共鸣，正说明理想对人生价值的重要性。那么，我们应该树立什么样的理想呢？我认为至少有三个标准。一是体现时代特征。理想不能脱离时代要求。一代人有一代人的梦想，一代人有一代人的担当。只有紧随时代潮流、顺应时代趋势，理想才更具有现实性。二是体现社会要求。在当今这样一个伟大的新时代，个人理想就是要符合社会主义核心价值观，而不能背离这个要求。三是体现个人特点。根据个人实际情况来确立人生理想，人生理想才不会盲目、空洞和不切实际。

当然，以上这些只是示例，具体撰写时可以加入自己学习的小插曲、人生的小感悟、心情的小变化、行业的小特点，这样一来，学习体会的形式就更加丰富多样，其内容也更生动、更具感染力。

三、结尾收工

结尾部分通常采用以下两种写法。

第一种，谦虚式。这是指先自谦两句，然后轻松收场。

举例如下。

以上是我这段时间学习的几点粗浅体会，悟得不深不透、讲得不好不足，敬请批评指正。

第二种，口号式。这是指通过引用名言、表达决心，体现学习的力度和感悟的深度，表示学得确实很到位了。

举例如下。

伟大的时代呼唤伟大的精神，伟大的精神激励伟大的事业。我坚信，在向着"两个一百年"的目标奋斗的征程中，只要每个人只争朝夕、齐心协力，撸起袖子加油干，就一定能书写属于自己的辉煌篇章。

按照上面所讲，开头部分有四种写法，正文部分有四种写法，结尾部分有两种写法，排列组合一下，共有三十二种写法，如果再加上一些个人元素，相信你再也不会为写不好学习体会犯愁了。

范文

且行且珍惜　越干越精彩
——感悟习近平总书记在庆祝改革开放 40 周年大会上重要讲话的"位""味""为"

习近平总书记在庆祝改革开放 40 周年大会上的重要讲话（以下简称"讲话"），以辩证唯物主义和历史唯物主义的认识论和方法论，全面回顾总结了改革开放 40

年的成就和经验，向全党全国发出了"不忘初心，牢记使命，将改革开放进行到底"的动员令。"讲话"在洞察历史中揭示规律，在把握时代中昭示未来，不啻为新时代改革开放的宣言书、导航仪、路线图，使人听后读后备受鼓舞、倍感振奋。

一、追昔抚今识"位"

"讲话"以恢宏的历史厚重感和纵深感，全面回顾了 40 年来的巨大成就，深入总结了改革开放的宝贵经验，深刻阐述了新时代改革开放的前进方向和基本方略，是一个具有里程碑意义的纲领性文献。

定地位。"讲话"指出："改革开放是党和人民大踏步赶上时代的重要法宝，是坚持和发展中国特色社会主义的必由之路，是决定当代中国命运的关键一招，也是决定实现'两个一百年'奋斗目标、实现中华民族伟大复兴的关键一招。""重要法宝""必由之路""关键一招"，这几个沉甸甸的词，生动地诠释了改革开放在中国特色社会主义事业中的重要地位。

看站位。"讲话"从数千年的历史角度并以关照古今的历史站位，阐述了"治世不一道，便国不法古"的治国理政之道，阐明了改革和开放总体上是中国的历史常态，改革开放是有着深远的历史渊源、深厚的文化根基的宏大命题，宣示和彰显了中国共产党人"行之力则知愈进，知之深则行愈达"的思想自觉和行动自觉。

找方位。"讲话"强调："我们现在所处的，是一个船到中流浪更急、人到半山路更陡的时候，是一个愈进愈难、愈进愈险而又不进则退、非进不可的时候"，精准标注了我国改革开放新的历史方位和时代坐标，并告诫"绝不能有半点骄傲自满、故步自封，也绝不能有丝毫犹豫不决、徘徊彷徨"，使我们对身处的新方位、肩负的新使命有了更加清楚的认知。

二、精研细读品"味"

古人云："文须字字作，亦要字字读；咀嚼有余味，百过良未足。"仔细品味习近平同志的讲话，文字有张力，语言有温度，有一种让人难以抗拒的魅力，让人欲罢不能，产生"若饮醇醪，不觉自醉"之感。

有时代韵味。"讲话"既有历史纵深感，也有鲜明的时代感，不仅阐述了改革开放具有深远的历史渊源和深厚的文化根基，而且阐明了新时代改革开放的使命更光荣、任务更艰巨、挑战更严峻、工作更伟大，并确立了"九个必须坚持"的方向和路径，号召全党"要一棒接着一棒跑下去，每一代人都要为下一代人跑出一个好成绩"。

有民生甜味。"民为邦本，本固邦宁。"关于民生，"讲话"中很多生动的表达，如"让人民共享改革开放成果""让人民生活在天更蓝、山更绿、水更清的优美环境之中""让人民有更多、更直接、更实在的获得感、幸福感、安全感"等，彰显了深厚的民本情怀，是"以人民为中心"发展理念的具体表现，使人从中品味到一种甘甜。

有泥土鲜味。"讲话"可谓好文风的典范，如同一股潺潺清流沁人心脾。比如，"大胆地试、勇敢地改，干出了一片新天地""40 年来取得的成就不是天上掉下来的，更不是别人恩赐施舍的""没有可以奉为金科玉律的教科书，也没有可以对中国人民颐指气使的教师爷""该改的、能改的我们坚决改，不该改的、不能改的坚决不改""伟大梦想不是等得来、喊得来的，而是拼出来、干出来的"等接地气的话语，鲜活生动、使人过耳难忘。

有自省辣味。古人云："胜人者有力，自胜者强。""讲话"指出："用时代发展要求审视自己，以强烈忧患意识警醒自己，以改革创新精神加强和完善自己，……以反腐败永远在路上的坚韧和执着，深化标本兼治，坚决清除一切腐败分子，保证干部清正、政府清廉、政治清明。"这些分量十足、措辞严厉、劲道硬气的辣味表述，鲜明宣示了全面从严治党的坚定决心和恒心。

三、勇毅笃行作"为"

"说没有力量，做才有力量。"作为一名党员干部，学习"讲话"，关键在于入脑入心、见实见效，切实把讲话精神落实到工作中、体现在行动上，用"为"这个定盘星来检验学习的成效。

一要想为。习近平同志指出，"干部干部，干是当头的，既要想干愿干积极干，又要能干会干善于干。"俗话说，事在人为，人在精神。有了良好的精神状态，原本平平常常的事可以做得有声有色，原本有希望的事可以干得更好，原本没指望的事可以奇迹般地干成。作为一名党员干部，我一定会牢记"伟大梦想不是等得来、喊得来的，而是拼出来、干出来的"，坚决改变交差应付、多一事不如少一事的消极被动心理，自觉把带着使命、带着责任、带着良心干事作为座右铭，把该挑的担子主动挑起来，把该负的责任积极担起来，尽心、上心、走心地做好分内工作，切实把组织分配的"责任田"打理好。

二要敢为。《格言联璧》中有这样一句话："大事难事看担当，逆境顺境看襟度。"我这样认为：敢于担当是对党员干部最起码的要求，也是党员干部事业心、责任感和使命感的体现。作为一名党员干部，我将大力发扬"敢于向困难叫板、勇于向矛盾宣战"的精神，坚决不当端着架子、脱离群众的"背手干部"，不当走马观花、纸上谈兵的"挥手干部"，不当贪图享受、推脱工作的"甩手干部"，主动到最困难的地方去，到群众意见多的地方去，到工作推不走的地方去，认真负责地把分管包抓的工作抓实、抓好，把各类问题纠纷化解好、处置好，真正做到困难面前挺得住、硬仗面前打得赢、危险面前豁得出，以模范带头的行动为党徽增色、为党旗添彩。

三要善为。做任何事不仅要有真抓的实劲、敢抓的狠劲，还要有善抓的巧劲、常抓的韧劲。作为一名党员干部，我将持续不懈地加强对政策法规、党纪党规、专业知识、领导艺术的学习，尽可能多学"几门手艺"，多掌握"几把刷子"，学会用好"十八般兵器"，努力使自己所负责的工作体现时代性、富于创造性。我将努力增强超前意识，以"金风未动蝉先觉"的敏锐性，快人一步、抢先一拍地做好工作；把握客观规律，讲求科学精神，切实做到"吃透上情、摸清下情""不离上级谱、唱活地方戏"；发扬认真负责的精神，对组织安排的事项、领导交办的任务，少讲"不能办"，多想"怎么办""如何干"，尽最大努力把每件事做出新、做出色、做出彩，努力让组织放心、让群众满意。

老笔头点评

本篇学习体会深刻到位，作者针对习近平总书记在庆祝改革开放40周年大会上的重要讲话，通过识"位"、品"味"、作"为"三部分进行学习体会的阐述，并且对自己实际工作的指导意义和实践价值悟得很透彻。

读进去　写出来

——撰写学习体会的四个妙招

▼

学习体会是比较常用的一种文体。那么，在撰写时要如何找准切入角度，找到发力点呢？从实践经验来看，可以从两个方面入手：一是从整体上谈认识，包括整本书体现了什么特点，个人对它们是怎么认识的，结合自己的思想工作实际谈谈准备怎么做，这类体会可能谈不细、谈不深，但凸显的是整体感觉、整体印象；二是根据部分内容讲感受，就是围绕书中的某一部分内容来讲，遴选出对你最有冲击力的、最有影响的、与工作直接相关的、印象最深的某一个或某几个点来讲感受。在具体的写作中，需要把握以下四点。

一、围绕特点来写

生活中，人们常用"高、富、帅"来形容一个人，这就是用特点来讲感受，从不同侧面来描述整体印象。同样，读完一本书，你也可以提炼出几个特点；每个特点各从一个方面介绍该书给你带来的直观印象，同时辅以内容介绍。

比如，有篇关于《习近平新时代中国特色社会主义思想三十讲》的学习体会，其中总结了全面、准确、系统三个特点，讲"全面"这个特点时是这样写的。

《习近平新时代中国特色社会主义思想三十讲》囊括了党的十八大以来习近平同志的每一篇重要讲话精神，对经济、政治、文化、社会、生态文明、治党治军、外交国防等方方面面都有专论，对党和国家发展进步的根本方向、对实现中华民族伟大复兴的伟大梦想也有专门的解读……

又如，有篇关于《习近平谈治国理政（第二卷）》的学习体会，通过与第一卷的对比，得出该书有"提炼、发展、增加"三个变化的结论，其中讲"提炼"这个特点时是这样写的。

第一卷的前两个专题合并为第二卷的第一个专题"坚持和发展中国特色社会主义，实现中华民族伟大复兴的中国梦"；密切党同人民群众联系、推进反腐倡廉建设、提高党的领导水平合并为推动全面从严治党向纵深发展，这也是篇目最多的专题，共十二篇。

二、围绕做法来写

学习的目的在于运用。所以，学习体会可以从实践的角度，围绕下一步应如何做来阐述。写作中，可以从思想层面、制度层面、行动层面等来破题，将学习体会落实到具体措施和步骤上。

比如，有篇关于《习近平新时代中国特色社会主义思想三十讲》的学习体会用了以下三个标题。

一、做《习近平新时代中国特色社会主义思想三十讲》的虔诚学习者
二、做《习近平新时代中国特色社会主义思想三十讲》的合格宣讲者
三、做《习近平新时代中国特色社会主义思想三十讲》的积极践行者

这就是围绕做法来讲的。

需要注意的是，采用这种写法时，每一段展开时可以采用"**引用＋评价＋表态**"的形式，先围绕一个方面对该书进行评价，然后讲要怎么做，或者直接从几个方面讲怎么做。

比如，有篇体会是先引用。

第三讲中讲到，中国梦是奉献世界的梦。中国梦是中国人民和世界各国人民的共同福祉……

再评价。

中国梦与世界各国人民的美好梦想相通，正如"一带一路"倡议体现的是一个国家拥抱世界的共赢之梦，共建人类命运共同体伟大愿望，中国的梦想是为中国与世界播撒希望……

最后讲怎么做。

作为党员干部，我们应当保有"心底无私天地宽"的境界，具有"功成不必在我"的气魄，不为名利所累，不为世俗牵绊，形成互帮互助、互补互爱的干事氛围，涵养潜心干事、豁达坦然的品格。

这样写，文脉就比较完整。

三、围绕观点来写

围绕观点来写是指从文中提炼或自己梳理出一些有哲理的话，以此来统领全篇。比如，有人在写关于《习近平的七年知青岁月》的学习体会时，用五句话总结自己的感受：**"信仰照亮人生、知识改变命运、实践增长才干、奉献成就事业、苦难丰富人生"**。通过把原文横切为五个侧面，作者从不同维度感受习近平同志的成长经历，结合实际得出自己的感想。

使用这种写法时，提炼或梳理出来的每句话都是一个独立的观点。在展开论述时，要结合对观点的认识、对原文的评价、对工作的感想来写。比如，要写"信仰照亮人生"，首先需要谈信仰对人生的意义，可以这样写。

没有信仰的人生，犹如在黑暗中行路、在逆水中行舟，没有目标，不明方向，只能随波逐流，浑浑噩噩地过一辈子。

再回顾习近平同志当年的知青经历对坚定个人信仰的影响。

习近平同志说，十五岁下放到梁家河时，他感觉自己的人生一片迷茫，但不久后，他在梁家河入了党，当上了大队支部书记，这人生第一课是无价的……

最后写段落小结。

信念是支撑信仰的内生动力，有执着的信念，才会有坚定的信仰，正是在梁家河的七年，一点一滴、一步一步地坚定了习近平同志内心的信仰。

使用这种行文方式时，需要反复思考、认真提炼，才能写得出彩。

四、围绕片段来写

从整体上写感受不好把握，而且容易泛泛而谈，可以围绕某一章节、某一论断、某一观点来写，通过考证思想观点的出处、结合背景形势分析来拓展，也能写出另一番滋味。使用这种方法写学习体会，有利于个人观点的阐释，更容易写细写实。

比如，有篇银行系统党员撰写的关于《习近平新时代中国特色社会主义思想三十讲》的学习体会，它是围绕该书的第二十九讲"努力掌握马克思主义思想方法和工作方法"来写的。

首先，它分析了形势。

2018年，国际政治、经贸形势风云诡谲，贸易保护主义抬头，地区形势错综复杂，市场热点快速转换，客户需求日新月异。

进而提出问题。

银行国际业务固有的复杂性与当前形势相互叠加，彼此影响，使得开展业务、处理问题的难度进一步加大。

然后得出观点。

这就要求我们掌握科学的思想方法并以之指导实践，进而解决问题，获得成功；而第二十九讲关于坚持问题导向、坚持调查研究、坚持实事求是、坚持全面协调的论述，正是我们在实践中研究解决问题的锐利思想武器。

接下来，这篇体会围绕"四个坚持"分别具体论述。这种写法比较突出的特点是跳出原文看原文，从原文的一个观点引入后，可以结合实际展开论述，不再局限于原文，而原文的思想观点都落到了自身工作的具体运用中。相对于围绕整体写的方法，围绕某个片段写，容易分析得更细、研究得更深，结合各自业务可展开论述的面也更大。

第六章

研讨发言稿

融会贯通
——研讨发言＋提纲＋范例

▼

　　顾名思义，研讨就是针对某一主题，结合自身的思想工作实际，在深入学习思考的基础上，形成自己的观点和认识，谈自己的主张和想法，进而达到学有所得的目的。较之于行政业务类材料来说，这类公文相对比较"虚"，要想写得深、写得实、写得好，并非一件易事。根据实践经验，撰写研讨发言稿，关键在于把握好以下几点。

一、定主题

　　研讨会通常都有一个主题，比如在开展"两学一做"学习教育活动时，分为"讲政治、有信念；讲规矩、有纪律；讲道德、有品行；讲奉献、有作为"四个阶段，每个阶段围绕一个主题开展集中研讨。

　　"不忘初心、牢记使命"主题教育不分阶段开展研讨，应该围绕"初心""使命""担当"，或者"守初心""担使命""找差距""抓落实"，或者"理论学习有收获""思想政治受洗礼""干事创业敢担当"等主题来写研讨发言稿。

二、列提纲

　　主题明确之后，就该围绕主题列提纲、搭框架。这里举几个例子。

　　比如，针对围绕"初心"这个主题，可以参考一位市委书记的研讨发言稿。

　　初心不初心，关键在党心，听党的话、跟党走。

　　初心不初心，关键在民心，老百姓满意不满意，答应不答应，高兴不高兴，拥护不拥护，是评判我们工作的最终的确定标准。

初心不初心，关键在内心，不能做两面人，必须始终如一，心口如一，表里如一。

初心不初心，关键在恒心，自始至终，坚定不移，不达目的决不罢休。

又如，可以围绕"不忘初心"这个主题来列提纲。

不忘初心，就要对组织忠心。这既是党章明确规定的党员义务，也是我们入党宣誓时的庄严承诺，更是每一名共产党员最基本的政治素质。

不忘初心，就要对群众关心。人民对美好生活的向往，就是我们的奋斗动力。普通人爱的最高境界是爱别人，共产党员爱的最高境界是爱人民。

不忘初心，就要对工作尽心。做新时代合格的共产党员，必须立足本职岗位，做到干一行、爱一行、精一行，以实际行动在新时代体现新担当、新作为。

不忘初心，就要对规矩上心。国有国法，党有党规。没有规矩，就不能凝心聚力，更不能兴国兴党。规矩是每名党员的必修课。

再如，也可以采用"混搭"的形式。

不忘初心、牢记使命，是贯彻十九大精神的重要举措。

不忘初心、牢记使命，是党永远保持活力的重要法宝。

不忘初心、牢记使命，是党始终铭记历史的重要理想。

不忘初心、牢记使命，是党不断开创未来的重要基础。

"想干事"是不忘初心、牢记使命的基础。

"能干事"是不忘初心、牢记使命的保障。

"干成事"是不忘初心、争做合格党员的目标。

坚定立场方能不忘初心。

绝对忠诚方能矢志奋斗。

强化作风方能勇于担当。

务实进取方能永不懈怠。

牢记使命方能共建伟业。

围绕一个"守"字，坚定初心如磐。

紧盯一个"担"字，肩负时代使命。

聚焦一个"找"字，着力寻找差距。

突出一个"抓"字，确保落实见效。

要学懂弄通做实，确保理论学习有收获。

要坚定信仰信念，确保思想政治受洗礼。

要保持奋发有为，确保干事创业敢担当。

三、谈认识

既然是研讨发言稿，就肯定要谈认识、谈体会。举例如下。

为官一任，就要造福一方，要常怀忧患之思、常念人民之托、慎用手中之权。这给我们敲响了警钟，这应该就是我们党的领导干部的"初心"。作为一名党员领导干部，我将常修为政之德、常思贪欲之害、常怀律己之心，从以下几个方面努力。

第一，固守根本，挺起精神脊梁。古人说："求木之长者，必固其根本；欲流之远者，必浚其泉源。""本根不摇，则枝叶茂荣。"我们共产党人的根本，就是对马克思主义的信仰，对共产主义和社会主义的信念，对党和人民的忠诚。固守根本，就是要坚定信仰、坚守信念、保持忠诚。

我们党的历史里涌现出了无数的革命先烈和英雄模范，他们或抛头颅、洒热血，或赴汤蹈火、舍生忘死，或任劳任怨、鞠躬尽瘁，他们就像黑暗中的灯塔，照耀着我们共产党人摸索前进的道路，这就是对理想信念的执着追求和坚守。但也有不少蜕变分子、腐败分子，他们的理想信念发生了动摇，在生与死的考验、名与利的诱惑、困难与挫折的斗争中，松懈了斗志、忘却了身份、抛弃了忠诚，最终走上歧路、走上不归路。

前车覆，后车戒。在新形势下，我将坚持以党的政治建设为指针，在根本问题上旗帜鲜明，在大是大非面前头脑清醒，做到"千磨万击还坚劲，任尔东西南北风"，切实经得起各种挑战和考验，做到公而忘私、严守法纪；我将在固守根本上下足功夫，增强政治免疫力和风险抵抗力。我坚信，只要如此，一切想破坏"初心"的东西就近不了我的身、附不了我的体，一切与"初心"背道而驰的东西都将无所遁形。

第二，善抓落实，积极谋事创业。真抓才能攻坚克难，实干才能梦想成真，做好我们党和国家的各项工作的"关键在落实"。空谈误国、实干兴邦，这是对千百年来治国理政的经验教训的科学总结。

不抓落实，再美的蓝图都只是空中楼阁，再好的措施都只是一纸空文，说得再天花乱坠，群众也不会满意。那么如何抓好落实呢？首先，要求真务实。只有讲真话、使真劲、出真招，才能抓出成效，赢得群众的信任和拥护；只有查实情、出实招、办实事，才能把情况摸透、思路想清、措施落实。其次，要开拓创新。要善用新视角、新思路去分析问题，用新方法、新举措去解决实际困难。再次，要有锲而不舍的精神。当前发展的任务十分艰巨，所有矛盾和问题不可能一下子彻底解决。我将立足于工作岗位，以"咬定青山不放松"的韧劲，不为任何风险所挡，不被任何干扰所惑，扑下身子解难题，埋头苦干促发展，在经常落实上下苦功、做硬功，一丝不苟，真正把工作推进到位、落到实处。

第三，知行合一，用好手中权力。《中华人民共和国宪法》规定："中华人民共和国的一切权力属于人民。"作为一名党的领导干部，要明白"权为民所赋，权为民所用"的道理并不难，但我们有时在执行时走了样、变了味，忘记了为人民服务的宗旨，不作为、乱作为。

要用好手中权力，必须知行合一。我将强化"三种意识"：首先，强化法治意识。严格落实民主集中制，按规定的程序和要求做决策、抓指导，按职责、权限、层级抓落实；要践行法治精神，无论事务大小、职务高低，都必须从法如流，坚持破除"权大于法""情重于法""刑不上大夫""法不责众"的人治思维。其次，强化责任意识。把使命顶在头上、把责任扛在肩上。再次，强化服务意识。自觉破除"官本位"思想和"当官做老爷"的封建习气，主动负起责任、挑起担子，确保手中的权力确为民用，想事、办事确为民谋利，在任何情况下都不搞特殊化。

第四，清正廉洁，不受锱铢毫厘。"公生明，廉生威。"我是"芝麻官"，但千钧重担压肩，只有用权出于公心，才能保持清正廉洁，才能使人信服。我将防微杜渐，落细落小，从不受锱铢毫厘开始，见钱不贪、见物不沾、见肴不馋，多积寸尺之功，不迷灯红酒绿，不伸不义之手。我将时刻牢记党的根本宗旨，恪守廉洁从政的准则，秉持克己奉公的操守，坚持做到为民、务实、清廉，保持共产党人的政治本色，清清白白做人，干干净净做事，坦坦荡荡为官。

这篇范文引经据典、说理透彻，还提到了下一步的工作打算，可谓是一篇具有典型意义的研讨发言稿，值得参阅和借鉴。

四、讲打算

研讨发言稿除了谈认识、谈体会，更重要的是谈如何在工作中具体落实。如果缺少了这一块内容，文章就成了典型的"空对空"。讲打算的经典案例如下。

我将心中有党，坚守为政之道。我将把初心融入血液，坚持把党的政治建设摆在首位，牢固树立"四个意识"，切实增强"四个自信"，始终做到"两个维护"，坚持把对党绝对忠诚作为永恒的信念和操守，作为最基本的政治品格、最根本的党性要求，自觉在思想上、政治上、行动上同以习近平同志为核心的党中央保持高度一致；毫不松懈地强化科学理论武装，学深悟透习近平新时代中国特色社会主义思想，积极参与"不忘初心、牢记使命"主题教育，筑牢信念之基、补足精神之钙、把好思想之舵、坚守为政之道，坚定不移地推动各级党委、政府的决策部署落地生根。

我将心中有责，提升发展之能。我将把使命担在肩上，把责任化为动力，带头在增强能力建设上下苦功夫，大力增强调研思考能力，做到勤学、善思、强本领；坚持调研开路，深入基层，沉到一线，增强洞察本质、把握规律、推动工作的本领；大力增强把握政策的能力，加强对中央、省委出台的法规制度的学习、掌握、运用，做到对其烂熟于心，带头当好"政策通""活字典"，推动工作高质量发展。

我将心中有民，改善民生之利。我将主动践行以人民为中心的发展思想，强化"群众在想什么，我们就谋什么；群众需要什么，我们就干什么"的宗旨意识和服务意识，经常调研党员群众盼的、急的、忧的、怨的是什么，经常反思工作中的矛盾、短板、弱项是什么，精心研究政策、深入做好调研、科学制定措施，真正做到群众有所呼、党员有所应；紧贴实际解难题，积极开展"送温暖、解难题、暖民心"活动，对单位反映较多的疑难问题，聚力攻关、超常用力，力求让问题逐步归零。

我将心中有戒，保持律己之心。我将坚持把清正廉洁作为自己的立德之本，把纪律和规矩放在前头，带头落实改进作风和廉洁从政的各项规定，带头净化工作圈、生活圈、朋友圈，管好身边人；加强警示教育，发扬艰苦奋斗的作风，时刻做到自省、自警、自重、自律；严格按照党风廉政建设责任制要求，认真履行"一岗双责"职责，加强党风廉政建设，支持纪检组尽职履责，确保风清气正、海晏河清。

不难发现，这篇范文是由平时的材料整合而成的，只是巧妙地加入了"我将心中有党""我将心中有责""我将心中有民""我将心中有戒""我将把初心融入血液""我将把使命担在肩上""我将主动践行以人民为中心的发展思想""我将坚持把清正廉洁作为自己的立德之本"等语句，使初心和使命紧密联系、巧妙结合，取得了别开生面的效果。

四平则八稳

——提炼主题教育材料标题的"四个窍门"

▼

一、切入点上，聚焦教育要求这个题眼

大凡围绕一个专题拟材料，首先要从了解并熟悉相关情况出发，否则写出的材料很难体现特色、彰显个性。对主题教育来讲，搭框架、拟标题之前，首先要把相关文件拿来读一读、认真看一看，明确有哪些硬性要求，这是需要把握的。

在这个基础上，可采用以下两种方法来拟标题。

（1）利用关键词来串联。这是指对主题教育的相关要求进行组合，比如，有组标题是这样的："学习教育入脑入心""调查研究注重实效""检视问题深入透彻""整改落实严肃认真"。这组标题，就是基于主题教育的四项重点措施来拟制的。还有一组标题是："'守初心'是基础""'担使命'是关键""'找差距'是重点""'抓落实'是目的"。这组标题也是对标教育要求来写的。

（2）围绕关键词来拓展。针对一个关键词，发散思维，前推、后拉、扩大，多角度联想，生成与关键词有逻辑关系的标题。比如，有组党课的标题是这样的："'初心'源于信仰，要紧跟党走、点亮初心""'初心'基于笃信，要坚守党性、筑牢初心""'初心'见于行动，要感念党恩、践行初心"。这组标题就是紧扣"初心"，这个关键词来拟制的。再看一组："探寻初心——让它亮亮相""叩问初心——和它对对表""坚守初心——给它淬淬火"。这组标题同样由"初心"引入，体现了从认识、反思到实践的过程。

二、内容上，突出自身特色这个实际

具体到主题教育材料标题的拟制上，应该把握三个方面：一要抓住重点任务，就是体现本地区、本部门的重点任务，主题教育是要解决问题的，不能空对空；二要反映亮点工作，就是将主题教育与亮点工作结合起来，与自身原有的活动载体结合起来，使两者互融共促；三要体现个性要求，共性内容尽量个性化、面上

原则尽量具体化，这是拟标题的基本要求。比如，"把开展主题教育同贯彻落实习近平总书记对民政工作的重要指示结合起来""把开展主题教育同满足人民群众美好生活需要结合起来""把开展主题教育同民政领域突出问题整改结合起来"。

三、形式上，体现灵活多变这个特点

材料标题最忌套路化、模式化，讲究灵活多变、推陈出新。具体如何拟制呢？可以从以下三个方面着力。

一是统筹好单式与复式。单式标题简洁有力、干净利索，复式标题表意丰富，同样不失魅力。如何选择，应根据实际需要来定。举例如下。

第一组（单式）
夯实学习教育这个基础
抓好调查研究这个重点
突出检视问题这个关键
聚焦整改落实这个根本
第二组（复式）
要把学习教育贯穿始终，在守初心中铸忠诚
要把调查研究贯穿始终，在真作为中担使命
要把检视问题贯穿始终，在找差距中补短板
要把整改落实贯穿始终，在抓落实中见成效

二是兼顾好主动与被动。主动句与被动句是常见的两种句式，事还是那些事，但换种句式，标题就别具一格了。先看主动句，举例如下。

领导要带头
责任要夯实
督导要严格
统筹要科学

换个句式，再看被动句。

抓实领导带头这个基础
抓好责任传导这个重点

抓住督导检查这个手段

抓牢工作统筹这个关键

三是使用好常规标题与特殊标题。相对来说，常规标题的套路性要强一点；特殊标题更灵活、更有特点。如果要让标题更具看点，一种常见的手法是题眼法，其明显的标志是带有双引号，双引号里面可以是名词，也可以是形容词。举例如下。

理论学习要"专"

调查研究要"活"

检视问题要"深"

整改落实要"细"

还有一种手法是模板法，就是整个标题应用同一套模板，通过更换相应的内容，对其进行排列组合，从而形成新的标题。举例如下。

永葆忠心，答好对党忠诚的政治卷

永葆真心，答好为民服务的民生卷

永葆恒心，答好奋勇前行的责任卷

永葆匠心，答好追求一流的专业卷

永葆静心，答好立身固本的政德卷

永葆戒心，答好干净干事的廉政卷

这组党课标题，其实就是围绕"永葆……心，答好……卷"这个模板来做文章的，很有特色。

四、修辞上，把握务实工整这个标准

对拟出的标题，如何修饰，使之更靓眼、更抓人，这需要下一番功夫，这一过程相当于进行"小装修"，该拓展的要拓展、该裁剪的要裁剪、该完善的要完善，具体有三点应着力把握。一是简洁。标题可以长，但不能冗长，多一个字就要有多的必要，不能纯粹为了凑字数而加字。除非十分必要，标题长度不宜超过一行，否则有失匀称之美。二是工整。能对称的尽量对称，这既影响标题质量，也反映用功程度。三是力度。标题怎么拟才更显张力，这与句式、用词有关，应避免用疲软、拖沓、沉闷的词汇，避免用陈述句，不然很难引起别人的注意。

第七章

主持词

小主持词有大招数
——撰写会议主持词的"五招"

▼

"苔花如米小，也学牡丹开"，这是"清代骈文八大家"之一的才子袁枚所作的题为《苔》的五言律诗中的名句。用这句诗来形容会议主持词，想必也是恰当的。

一、站位要准

与其他讲话稿不同，主持词是为会议服务的，处于从属地位，起到陪衬作用，是托月的云、衬花的叶。通俗地说，会议主持人如同舞台报幕员，会议主持词相当于节目串词，它控制着整个会议的进程，引导着会议的每一项议程，以便使会议按既定步骤顺畅地进行下去。因此，起草会议主持词，首先要明确其附属性特点，增强"配角"意识和"衬托"意识。在形式上，必须严格按会议议程谋篇布局，不能随心所欲、自行其是；在内容上，必须紧扣会议主题，不能分散游离、跑偏走向。尤其要注意的是，从内容到结构，乃至文字风格等，主持词都要服从并服务于整个会议，切忌喧宾夺主。比如，会议的主要任务可以写到主持词里，也可以写到领导讲话稿里，但一定要防止两个稿子都用同样的开头，至少应避免使用同样的语句。

二、套路要清

一份完整的会议主持词，一般由四个部分组成。

（1）标题。标题的标准格式为"会议名称＋文种"，如"×××××会议主持词"。在具体写作时，通常在标题下各用一行标注会议时间和主持人。

（2）开头。开头主要介绍会议召开的背景、会议的主要任务和目的，阐明会议的必要性和重要性，以引起与会人员的重视。

这部分内容，具体可分为六个方面。一是会前提醒，要求与会人员抓紧入座、关闭手机或将其调至静音状态。二是宣布开会，一般直接表述为"现在开会"或"会议现在开始"。三是说明会议是经哪一级组织或领导提议、批准、同意、决定召开的，强调会议的规格及上级的重视程度。四是介绍出席会议的上级领导及与会人员的构成、人数，说明会议的规模。五是介绍会议召开的背景，阐述会议的主要任务和目的。如"这次会议是在……的形势下召开的"等，寥寥数语即可，切忌长篇大论。六是介绍会议议程，使与会人员对整个会议有一个全面、总体的了解。如果会期较长，可阶段性地介绍，如"今天上午的会议有 ×× 项议程"，"今天下午的会议有 ×× 项议程"，等等。

（3）中间。在这部分中，主持词主要起串联作用，也就是对每个议程进行承接，使之衔接顺畅。这部分内容的撰写比较简单，不需要刻意发挥、出新出彩，只需按照议程顺序进行即可。起草的时候，要尽量用简洁的语言，依次介绍会议的各项议程，通常使用"下面，请 ×× 讲话，大家欢迎""请 ×× 发言，请 ×× 做准备""下一个议程是 ××"之类的句式。

需要注意的是，在一个相对独立或比较重要的议程结束之后，特别是上级领导讲话之后，主持词要做一个简短的、恰如其分的评价，以加深与会人员的理解和印象。如果下一个议程是分组讨论或实地参观，那么，分组情况、讨论地点、讨论内容、具体要求以及参观地点、交通工具安排、往返时间、注意事项等都要向与会人员交代清楚。

（4）结尾。这部分主要对整个会议加以总结，并对如何贯彻落实会议精神提出要求、做出安排。

结尾具体可分为以下几个部分。

一是宣布会议即将结束。 这部分通常使用"同志们，经过大家的共同努力，×× 会议已完成各项议程，即将圆满结束"或"同志们，为期几天的 ×× 会议就要结束了"之类的句式，主要用于告诉与会人员会议即将结束。

二是对会议进行简要评价。 其作用主要是肯定会议取得的成效，对会议主旨报告或者讲话进行简明扼要、恰如其分的评价。如"这次会议开得很好，很成功，达到了预期目的""这次会议时间紧凑、内容丰富，进一步统一了思想，明确了目标，增强了干劲"，等等。

三是对会议进行总结概括。这部分主要说明会议取得的成果，包括形成了什么共识、解决了什么问题、确定了什么目标、明确了什么思路、部署了什么任务，等等。需要注意的是，如果会议有总结讲话这一项议程，主持词中的这部分内容就应舍弃，以防止两者内容重复。

四是就贯彻落实会议精神提出要求。这是结尾部分的重点，也是整个主持词的重点。撰写这部分内容，需要做到以下几点。第一，语言要简洁明了，开门见山，不绕弯子。第二，要求要明确、要具体，不能含糊其词、似是而非。第三，布置任务要全面，不能遗漏。第四，要根据会议的性质和内容，选取合适的结尾方式。比如，工作会可采取"命令式"，动员会可采取"号召式"，座谈会可采取"感谢式"，团拜会可采取"祝福式"，有时还可多种方式混用。第五，要求与会单位将会议精神贯彻落实情况在一定时限内上报有关部门，以便检查会议精神的落实情况。

三、篇幅要短

主持词是居于从属地位的，是为会议服务的。这种属性，决定了会议主持词的"配角"作用，也决定了其必须短小精悍，无论是在长度和分量上，都应该服务于会议主报告和主旨讲话，绝不能长篇累牍、洋洋洒洒，否则就会本末倒置，弱化会议主题。因此，在起草主持词时，秘书应该牢牢把握"惜时如金、意到即止"的原则，不穿靴戴帽，不拉长增肥，不旁逸斜出，确保会议时间紧凑、节奏明快，坚决防止和杜绝"三月里的小雨，淅淅沥沥下个不停"。现实中，常有一些初出茅庐的"愣头青"，因为不懂这些原则，只想着尽可能展示自己的写作水平，结果把主持词写得比领导讲话稿还长，虽然费了不少功夫，却吃力不讨好。

四、提炼要精

对会议精神进行精准的总结概括，对会议主旨报告或讲话主题进行深度挖掘提炼，是主持词的一个重要任务，而不是简单地记"流水账"，像录像机般对会议进行记录。这样的主持词如同白开水一样寡淡无味，也没有发挥出其应有的作用。尤其是对会议进行概括总结时，不能简单地泛泛而谈，而要准确精练、鲜明突出地对会议精神进行提炼升华，以使与会人员从整体上对其有更为清晰的了解和把握。因此，在起草这部分内容时，务必把烘云托月、画龙点睛作为基本原则，善于从沙中淘金，从大河里捞活鱼，把会议精神中的精华和干货找出来，并对其进行重点阐明和论述，以使与会人员更加准确地掌握精髓、把握要义，进而加强理解、加深印象。

五、语言要亮

与会议报告、讲话稿或发言稿不同的是，主持词的语言风格一般比较平实，很少用修饰和曲笔。开门见山、言简意赅、通俗易懂，是其基本特点。所以，大多数主持词都写得比较平实，甚至显得有些平淡。虽然主持词不要求标新立异，但如果只是对会议议程进行简单罗列，就会显得呆板枯燥、毫无生气。有时候为了渲染气氛，撰写主持词时可以适当采用一些手法，于平中见奇、旧中出新，这样反而有助于提升会议效果。比如，对于同一词汇，应尽量避免其多次出现；对于同一意思，要使用不同的词语来表达；对于同一内容，最好转换一下形式，尽可能使主持词有一点特色、有一抹亮色，给人以新鲜感，而不能千篇一律，一个调子唱到底。

小体裁也能做出大文章！主持词看似会议的"边角料"，但要把这个"简约而不简单"的小材料写好，却不是一件容易的事，非得秘书下一番苦功夫不可。正所谓："白日不到处，青春恰自来。"

小主持词有大学问

——领导修改的主持词"对照稿"

▼

主持词是日常工作中较为常用的一种应用文。它的主要作用是对会议有关内容和事项加以说明，对一些重要问题进行强调，对领导讲话做出评价，对贯彻会议精神提出要求。一篇好的主持词，应该结构紧凑，主题鲜明，平实庄重，简明扼要。本节将用一篇呈请领导审定的主持词送审稿和一篇领导改定后的最终稿，介绍撰写主持词的技巧。

在全区组织工作会议上的主持词

（送审稿）

同志们：

现在开会。我们今天召开全区组工会议，主要任务是以习近平新时代中国特色社会主义思想为指导，以全省、全市组织部长会议精神和区委要求为引领，高质量推进组织工作，努力开创新时代组织工作新局面。（**相对来讲，文章开头用词比较生硬，更像是汇报稿或总结稿，对主持词这样的材料来讲不太合适。**）

全市组织部长会议和老干部工作会议精神采取书面形式进行传达。今天的会议只有一项内容：请区委常委、组织部部长×××同志做重要讲话。（**这段话衔接得不够顺畅，虽然是以书面形式传达，但也是会议的一项内容，不能随意舍弃。**）大家欢迎！

……

刚才，××部长做了讲话，全面回顾了2017年全区组织工作，明确了今年组织工作的总体思路，提出了组织工作的任务书和路线图。讲话着眼全局、思想深刻、内涵丰富，具有很强的政治性、思想性和操作性。（**这段话对会议主旨讲话的归纳不够准确，未能体现出讲话的核心内容。**）"一分部署，九分落实"。任务已经明确，关键是统一思想，集中精力抓好落实，（**这段论述性的话可以删去，放在此处有画蛇添足之感。**）为贯彻落实好此次会议精神，我提几点要求。

一要抓好学习，传达领会到位。××部长融会全市组织部长会议和老干部工作会议的新精神和新要求，围绕区委中心工作和发展大局，结合当前全区组织工作实际，提出的八个方面的重点任务和工作要求是我们今年乃至今后一段时期全区组织工作的基本路线和努力方向。会后，各单位要通过召开班子会和干部会议等形式，层层传达，确保将会议精神传达给每一位机关干部和广大党员群众，使每一名党员干部都能了解和熟知组织工作会议精神和有关部署要求。

二要抓好谋划，安排部署到位。各单位要坚持把此次会议精神贯穿2018年组织工作谋划，进一步增强做好组织工作的责任感和主动性。党组织书记要履行好第一责任人职责，切实抓好督导工作，党员领导干部，特别是班子成员要切实增强党管意识，潜心研究组织工作。会后，部里将下发今年的组织工作要点，各单位要加深对工作要点的理解，理清工作思路，统筹安排好今年各项组织工作。5月25日前，各单位要以书面形式将贯彻落实组织工作会议精神的情况报送区委组织部办公室。

三要抓好落实，保障措施到位。在新时期，组织工作的最大特点是思路新、任务重、要求严，这既是挑战，也是机遇。各级党组织要自加压力，统筹做好组织工作项目化管理，切实将各项组织工作任务进行量化分解，落实到具体责任科室和责任人；教育并引导广大党员干部，以改革的精神、创新的举措开展工作，找准突破口，抢占制高点，不断研究新情况，解决新问题，推动全区组织工作再上新台阶。

四要抓好宣传，舆论引导到位。各级党组织要切实做好组织工作舆论宣传引导工作，认真总结经验做法，及时报送信息，好经验、好做法将在《××组工信息》上刊发，全区应予以推广学习，同时要加大在省、市新闻媒体上的宣传力度。组工信息报送、采纳情况将在年终进行评比，评比结果将作为推进组织工作评先评优的重要依据。

（这部分通过"四个到位"，对贯彻会议精神提出了要求。）

今天的会议就到这里，散会！

老笔头点评

这篇主持词是一篇常规性的主持词。虽然就主持词本身来说，总体上差强人意，要素比较齐全，文字比较精练，作为机关用的材料，它其实已经合格了。但从适合领导身份、契合领导风格的角度看，它仍有提升的空间。不足之处是，文字"套路"比较多，立意不新，语言不活。

在全区组织工作会议上的主持词

（最终稿）

同志们：

现在开会。今天这次会议是经区委同意召开的一次非常重要的会议。（**开门见山，直接对会议进行定位，顿时使会议的重要性上升了。**）会议的主要任务是，以习近平新时代中国特色社会主义思想为指导，深入贯彻落实中央和省市组织部长会议精神，按照区委要求部署，结合××工作实际，求真务实，开拓创新，团结动员全区各级党组织和党员领导干部，扎实做好新时期的组织工作，为实现××经济社会跨越发展提供坚强的组织保障。（**这段话从中央层面到省市层面**

再到区级层面，全面准确地阐述了会议的任务和目的，考虑周全，指向明确。）

　　会议有两项议程：一是书面传达全市组织部长会议和老干部工作会议精神；二是请区委常委、组织部部长 ××× 同志做讲话。全市组织部长会议和老干部工作会议精神的传达提纲已随会下发，下面进行会议的第二项议程：请区委常委、组织部部长 ××× 同志做重要讲话，大家欢迎！（**与送审稿的这部分内容相比，这段话过渡自然、衔接流畅。**）

　　……

　　刚才，××× 部长就做好新时期组织工作做了讲话，深入总结了 2017 年组织工作取得的五个方面的主要成绩，客观指出了当前存在的主要问题，明确提出了今年组织工作的总体思路，全面部署了八个方面共二十六项组织工作任务。讲话着眼全局，任务具体，要求明确，文风朴实，具有很强的政治性、开创性和可操作性。（**这段文字通过精练的话语，对主旨讲话的内容做出了高度概括和准确评价，行文简洁明快，下笔干净利落。**）

　　下面我就如何抓好贯彻落实，提两点意见：一是想明白，领会精神实质；二是干明白，真正落到实处。不研究工作就抓落实，不仅是不负责任的，而且是危险的，因为许多工作没有重来一次的机会，我们不能拿党的事业当试验田。只有想明白才能干明白，想清楚是前提，干明白是目标，而连接前提和目标的路径就是"四个对照"：对照十九大报告第十四条基本方略中有关党建工作的决策部署；对照中央和省市组织部长会议精神；对照区委全会党建工作的任务要求；对照会后下发的组织工作要点，把各自领域的主线理出来，底线标出来，规定动作定下来，自选动作找出来。特别是"一把手"要真正研究工作，先当好会议精神的"翻译官"，再当好党建工作的"指挥官"，要有目的地学习，有思考地传达，有智慧地贯彻，有效果地落实，真正畅通组织工作的"最后一公里"。千万不能"要来讲话电子版，一级标题看一看，二级标题换一换，黑体的字念一念"，就算传达了。要怀真情实意，凭真才实学，用真材实料，动真枪实弹，来真抓实干，把会议精神落到实处。（**这段强调了怎么贯彻会议精神，与送审稿相比，这部分的高明之处在于有认识、有方法、有要求，且运用了比喻、排比等修辞手法，金句迭出，生动活泼，让人听得进、记得住、传得开，体现**

了作者深厚的文字功底。）

　　各单位要在 5 月 25 日前，以书面形式将贯彻落实会议精神的情况报送区委组织部，对上报内容空洞宽泛、上下一般粗、照葫芦画瓢的，部里将按照形式主义新表现认真对待、严肃处理。

　　今天的会议议程全部结束，散会。

老笔头点评

　　这篇主持词，与送审稿相比，出新出彩了不少。一是篇幅精练，结构紧凑；二是提纲挈领，重点突出；三是文笔生动，语言鲜活，说明什么，提倡什么，强调什么，要求什么等内容都一清二楚，一目了然。特别是围绕学习贯彻会议精神，用两个"明白"，简洁清楚地表达了会议要求，使与会人员明白地知晓会议精神是什么、如何贯彻。

第八章

致辞

大江流日夜，慷慨歌未央
——老笔头公众号 2018 年新春致辞

▼

致辞是领导干部在特定场合中，比如作为宾客或主人一方发表的表示欢迎、感谢、祝贺等的一种礼仪讲话，其主要作用是传递信息、了解情况，交流感情、增进友谊，营造环境、活跃气氛。

本节将展示老笔头公众号发布的 2018 年新春致辞。

"大江流日夜，慷慨歌未央。"伴随着清脆震耳的爆竹声和腾空飞舞的绚丽烟花，曾经在历史上留下深刻印记的农历戊戌年，再一次向我们打开了大门。

在 2018 年这个新时代的元年开启之际，在这个万家团圆的幸福时刻，老笔头公众号团队全体成员，向广大笔友及家人，致以节日的祝福和美好的祝愿！祝大家在新的一年里健康幸福，平安如意！

时间是最客观的见证者。当时光之河奔腾不息，有关 2017 年的年度记忆，仍在我们的脑海中翻滚跃动，时而激越，时而舒缓……

这一年，我们因文字结缘，相识于老笔头公众号。曾记否，为一篇文章的谋篇布局，我们孜孜以求、精益求精；为一段话语的至臻至善，我们精雕细刻、字斟句酌；为一个词语的贴切传神，我们锤炼推敲、如琢如磨……相同的爱好、共同的志趣，把我们从大江南北、长城内外汇聚到一起，成为虽未谋面但心有灵犀的好朋友。

这一年，我们以情感织网，相知于老笔头公众号。曾记否，有经典文稿，我们一起研习；有写作难题，我们联手破解；有优秀范文，我们共同欣赏……

一次次思维的碰撞、灵感的迸发、情感的交流，一段段灯火通明、彻夜不眠的战斗经历，使我们结下了抱团取暖、相互帮助的真感情，凝成了亲如兄弟、不分你我的大家庭。

这一年，我们以梦想为魂，相聚于老笔头公众号。曾记否，我们梦想有一天能才华横溢、出口成章，梦想有一天能下笔千言、倚马可待，梦想有一天能文思泉涌、佳作迭出，梦想有一天成为底气十足、外人艳羡的"大才子""秘书"……同一个梦想、同一个追求，让我们无远弗届、志坚行笃，成为同气相求、同声相应的好战友！

在时间的叙事里，当下连接未来。当又一年远去，我们最终发现，所有的告别与开始，都是一种砥砺，一种奔跑。

习近平总书记在新春团拜会讲话中提到，奋斗本身就是一种幸福，新时代是奋斗者的时代。苏格拉底也说，世界上最快乐的事，莫过于为理想而奋斗。毫无疑问，老笔头公众号是有理想的！老笔头团队和所有的笔友也都是奋斗者！这理想就是做一个有深度、有态度、有温度的原创公文公众号，我们奋斗的目标就是为广大笔友搭建一个好的平台，为所有有志于成为"大手笔"的笔友们加油助力！

"凡属过去，皆为序章。"新的一年，我们将不忘"做公文领域第一原创公众号"的初心，重整行装再出发，策马扬鞭自奋蹄，与笔友们"听文有得、携笔同道"，让更多的"秘书""大手笔"，在老笔头公众号这个"原创自留地、经验分享田"里汲取养分、拔节生长！

我们将坚持"崇尚阳光、杜绝庸俗"，力求每一篇文稿都保持高格调、发出好声音，彰显思想的深度、实践的厚度、观点的亮度，为广大笔友们提供有质量、有营养的精神食粮。

我们将坚持"专业专注、品质至上"，力求每一篇文稿都经过精心打磨、至臻至美，做到思想出新、文笔出彩、语言出色，让它们能经得起时间的考验，经得起实践的检验，经得起笔友的审验。

我们将坚持"渔鱼并重、学用相长"，力求每一篇文稿都回应笔友的所需所盼，在授人以鱼的同时，更重视授人以渔，让笔友们看出逻辑、悟出门道、得出经验，在学用互动中蓄力精进、行稳致远。

不忘初心，无问西东；时光易老，理想不灭！我们不会忘记公众号里笔友的祝福话语，不会忘记会员群里笔友的宝贵建议，不会忘记朋友圈里笔友的善意批评，这些都是老笔头团队奋楫前行的不竭动力！

"志行万里者，不中道而辍足。"2018年，让我们以文为媒、携笔同行，背起梦想的行囊再出发，共同去创造属于自己的人生辉煌！

最后借一位笔友的春联给大家拜年，希望大家"下笔有神，更上层楼"！

新故相推，日生不滞

——老笔头公众号 2020 年新春致辞

▼

本节将展示老笔头公众号发布的 2020 年新春致辞。

"新故相推，日生不滞。"当农历鼠年新春的第一声钟声敲响，当喷薄而出的红日映染着地平线，当窗台上的绿植安静地吐出新芽，这是新与旧的轮替，光与影的更迭，这个世界正在悄然发生改变，崭新的一年又开始了。

在这普天同庆、携手欢度新春佳节之际，老笔头公众号团队全体成员，向广大的笔友及家人，致以节日的诚挚问候和新春的美好祝福！祝大家鼠年快乐、万事胜意、阖家幸福！

一元初复始，万象已更新。新的一年，作为秘书的我们，应该有新的目标、新的气象、新的面貌、新的作为，而作为大家的知心好友的老笔头，在新的一年里，我们也将以新的心态、新的姿态、新的状态，践行好老笔头开办公众号时的初心与誓言，担好老笔头的职责与使命，竭诚为广大笔友们提供优质的服务。

在新的一年，我们将以归零的心态，追求"功成不必在我，而功力必不唐捐"的境界。心态决定姿态。有什么样的心态，就会用什么样的姿态对待工作。所谓归零心态，就是要以辩证的思维正确地看待过去，同时要以乐观的心态勇敢地面向未来。

这一年，我们砥砺奋进。以文为媒、以文会友，相聚在老笔头公众号，相聚在得道会员群，我们如切如磋、如琢如磨，一起将脑海中的想法变为文字、将思想变为行动，一起将笔端才思泉涌的文字变为决策的建议书、工作的宣言稿、行动的动员令，变为一篇篇久经打磨的政论文。

这一年，我们敬业奉献。作为高格调的辛苦人士，秘书们可能没少吃盒饭、

203

加班，大家加班加点，老笔头朝夕相伴。可能为了你在会员群里偶尔的一句唠叨，我们会花上一整天精心打造一篇范文、研究一类技巧、整理一组汇编，我们一直都是努力奔跑的人，我们敬业奉献，只为让大家过上梦想的生活。

这一年，我们躬身自省。我们坚持以问题为导向，梳理了如汇编质量、材料扩面、服务提标、系统搜索、会员权益等问题，这些都需要我们在今后的工作中聚焦解决。我们必须谋划更加超前、工作更加细致、服务更加优质，努力使会员权益最大化。

在新的一年，我们将以奋斗的姿态，以舍我其谁、责任在我的姿态面对工作。姿态决定状态。以什么样的姿态对待工作，就会有什么样的工作状态。所谓奋斗姿态，就是要以爬坡上坎的精神，把会员们的每一个细小要求都当成一场硬仗来打，体现"舍我其谁、责任在我"的担当。

我们将不忘立号初心，以公众号为平台，在做精、做实、做强、做优、做全、做齐上狠下功夫、大做文章，努力把每一篇原创文章做精、做实，力求做到精雕细琢、无可挑剔；努力把每一期汇编做强、做优，力求做到精挑细选、精益求精；努力把每一天的推送做全、做齐，力求做到选材多样、至臻至善，让大家在老笔头公众号这块"原创自留地、经验分享田"里，汲取养分、茁壮成长。

我们将牢记服务使命，以服务为宗旨，以会员的需求为导向，坚持"服务会员无小事，小事即大事"的理念，围绕重要时间节点、重点工作内容和笔友们的个性化需求，切实增强工作的预见性、自觉性、主动性，降低滞后性、盲目性、被动性，大胆探索，主动服务；在拓宽服务领域、丰富服务项目、优化服务质量上下功夫，一同研习经典文稿，联手破解写作难题，共同欣赏优秀范文，真正做到与笔友们"听文有得，携笔同道"。

我们将凝聚广大会员，以活动为载体，在社群管理上注重用活动积聚人气、凝聚人心，多想办法、多出实招，围绕会员的需求整理汇编清单，多开展作业布置和有奖互动活动，探索更加有效的每日金句、每日用典、每日一题等学习打卡活动，尝试开展线上与线下相结合的活动，千方百计在增强学员、会员、笔友的互动交流、共同进步上探索。同时，坚持"让利于会员"，拿出奖金作为鼓励,让大家在学习提高的同时,享受老笔头带给大家的"微福利"。

在新的一年,我们将以赶考的状态,做到一片赤诚、工作忘我。状态决定生态。有什么样的工作状态,就会日积月累地形成什么样的工作生态。所谓赶考的状态,就是老笔头重整旗鼓再出发,以一片赤诚、吃苦敬业、忘我工作的状态,致力于实现"天下没有难写的材料,天下没有加班的秘书"的目标。

以"志"求"致"。 我们将坚持"做公文领域第一原创公众号"的目标和志向,下定决心、坚定笃行,谋定后动、变中求新,致力于为广大笔友提供更有营养、更有品质的精神食粮,让笔友们在学用互动中蓄力精进、行稳致远。

以"智"提"质"。 我们将坚持"崇尚阳光、杜绝庸俗",坚持"专业专注、品质至上",坚持"渔鱼并重、学用相长",按照借"智"于笔友、让利于笔友的思路,以百般用情、千般用力、万般用心的匠心,在实现思想出新、文笔出彩、语言出色的过程中,努力提升公众号文章的质量。

以"制"换"治"。 我们将坚持用好制度这一最好的管理手段和治理方式,在建章立制上下功夫,以制度激发内在活力、加强工作管理,着力打通堵点、破解痛点、攻克难点,提升治理能力,让老笔头公众号和社群成为"善治"的平台,成为大家工作中的"良师益友"。

岁月不居,时节如流。不忘初心,无问西东;时光易老,理想不灭!此时若有酒,那请与我们一同举杯,老笔头敬大家三杯酒。

这第一杯是感谢的酒,敬我们的过往。 感谢大家一直以来对老笔头的关怀厚爱、鼎力支持,感谢大家的不离不弃、昼夜相依,感谢大家与我们共同经历风雨、彩虹和阳光。

这第二杯是拜托的酒,敬我们的将来。 未来要走的路还很长很长,希望大家一如既往地支持我们,我们一起迎难而上、勇往直前,有困难我们一起上,有材料我们一起写,我们一起不弃微末、不舍寸功。

这第三杯是祝福的酒,敬我们的家人。 秘书的家人很不容易,在此,老笔头通过大家,向你们的家人致以节日的诚挚问候和新春的美好祝福,祝福大家在2020年有"鼠"不尽的笑容,"鼠"不尽的甜蜜,"鼠"不尽的健康,"鼠"不尽的收获,"鼠"你最有才!

聚力拥抱新时代　扬帆起航再出发

——省委书记致辞解析

▼

每当年终岁尾，各类庆祝会、展望会、协商会、盘点会不会少，如何把会上的致辞写精彩、写完美，既不落入俗套又不偏离主流，是摆在各位秘书面前的一道难题。下面将解析 ×× 省委书记在 ×× 大会上作的题为"聚力拥抱新时代 扬帆起航再出发"的致辞。

一、把握结构，掌握致辞的套路

学习范文，首先应学习的就是文章架构、谋篇布局，这就是我们平常所说的套路。那么，致辞的一般套路是什么呢？首先，它需要有一段寒暄，表达诸如"欢迎""激动"之类的情感，烘托一下气氛，顺便热场，文章是这样写的。

各位浙商代表、各位来宾，女士们、先生们、朋友们：

大家上午好！

今天的杭州国际博览中心，群贤毕至、高朋满座。2000 多位浙商代表、国际友人和各界贵宾从五湖四海汇集到这里，参加第四届世界浙商大会。首先，请允许我代表浙江省委、省人大常委会、省政府、省政协和 5590 万浙江人民，对大家的到来表示热烈的欢迎！并通过你们，向海内外广大浙商致以诚挚的问候！

接下来，就要说正事了，把会议的主旨、意义表达出来。

时间是最伟大的书写者。首届世界浙商大会召开 7 年来，广大浙商牢记习近平总书记的谆谆教导，积极响应省委、省政府"创业创新闯天下、合心合力强浙江"的号召，不断演绎辉煌的商业传奇，生动谱写动人的反哺故事，积极投身伟大的复兴梦想，以一个又一个的骄人业绩迎接新时代的到来！

其实上面的内容只是个过渡段，由这个过渡段引出第一部分内容，开始回顾过去。

新时代再聚首，我们一起重温浙商砥砺前行的铿锵脚步。敢为天下先、勇当弄潮儿，是浙江发展最生动的写照，也是浙商最鲜明的特质。这些年来，广大浙商奋发进取、追求卓越，群体越来越大，省内有100多万家法人企业、300多万户个体企业，省外有30多万家法人企业、200多万户个体企业，海外有10多万家各类企业；知名度和影响力越来越强，涌现出阿里巴巴、万向、吉利汽车、海康威视等一批国际知名企业，在中国民营企业500强占120席，连续19年保持全国第一；对社会的贡献率也越来越高，省内的民营经济贡献了全省60%以上的税收、70%以上的地区生产总值、80%以上的外贸出口额、90%以上的就业岗位。我们完全可以自豪地说，浙商已成为当今中国最著名、最活跃的商人群体之一，无愧为名扬天下的商帮。

新时代再聚首，我们一起感悟浙商不忘初心的精神力量。浙商是一个伟大的群体，浙商精神是一种伟大的力量。这些年来，广大浙商依靠勤劳的双手，吃别人吃不了的苦，干别人干不了的活，把各种不可能变为可能，书写了许多奇迹。从鸡毛换糖到机器换人，从代工贴牌到自主研发，从前店后坊到全球配置资源，从浙江制造到浙江创造，浙商始终不忘初心、开拓进取，挺立在创新创业的潮头。浙商走过的路，凝聚着几代浙商的艰辛探索，昭示着浙商火山般的能量和长盛不衰的生命力，成为中国企业向产业链高端攀升、向国际一流进军的杰出代表。

新时代再聚首，我们一起回味浙商回报桑梓的浓浓情谊。乡情乡愁是家国情怀的重要体现。这些年来，浙商走遍千山万水，但不管走多远、走到哪里，最魂牵梦绕的地方还是祖国、还是家乡。家乡的一山一水、一草一木、一人一物，都寄托着浙商忘不了的亲情与友情，印刻着浙商磨不去的足迹与青春，承载着浙商剪不断的思念与牵挂。广大浙商富而思进、富而思源、富而思报，积极承担社会责任，踊跃开展公益事业，支持和参与家乡建设发展，用实际行动诠释了家国情怀。据统计，我省累计回归浙商资本 1.2 万亿元，相当于去年全省地区生产总值的 26%，约占 7 年来全省固定资产投资总额的 9%。

实践充分证明，浙商是浙江最珍贵、最有潜力的战略资源，在我省经济社会发展中具有举足轻重的地位，发挥了不可替代的作用，做出了居功至伟的贡献。在此，我要郑重地向广大浙商说一声：谢谢你们！

回顾完过去，把时间拉回现在，讲现在是什么情况。这个主体一般是主办方，就是讲"我们现在怎么样"。

各位浙商代表，各位来宾！

新时代标注新方位，新时代开启新征程。当前，浙江全省上下正在深入学习贯彻党的十九大精神，按照省第十四次党代会和省委十四届二次全会做出的决策部署，围绕"富强浙江、法治浙江、文化浙江、平安浙江、美丽浙江、清廉浙江"的具体目标，突出"改革强省、创新强省、开放强省、人才强省"的工作导向，加快"高水平全面建成小康社会，高水平推进社会主义现代化建设"。我们正以"最多跑一次"改革撬动各领域改革，坚决打破各种束缚发展的"坛坛罐罐"，再创浙江体制机制新优势，奋力开启全面深化改革的新征程；我们正以供给侧结构性改革为主线深入推进转型升级，加快建设创新型省份，全面实施乡村振兴战略，大力推进"大湾区""大通道""大花园""大都市"建设，奋力开启产业转型升级的新征程；我们正以"一带一路"建设为统领，构建对外开放新格局，主动对接服务长三角一体化、东西部扶贫协作等战略，奋力开启扩大对外开放的新征程；我们正以在发展中保障和改善民生为落脚点，实施富民、惠民、安民行动计划，建设平安中国示范区，打好防范化解重大风险、低收入百姓增收、污染防治的攻坚战，奋力开启创造美好生活的新征程，努力高水平谱写新时代中国特色社会主义的浙江篇章。我们完全可以自信地说，新时代的浙江，发展机遇多、发展空间大、发展前景好。广大浙商创新创业恰逢其时、正当其势，大有可为、大有作为。

以上内容既回顾过去，又分析现在，接下来就是展望未来了，这是最基本的致辞套路，具体内容可按时间顺序展开。

各位浙商代表，各位来宾！

新时代要有新气象，更要有新作为。广大浙商要高举习近平新时代中国特色社会主义思想伟大旗帜，主动融入新时代中国特色社会主义事业的新征程，全面贯彻新发展理念，树立新的全局观、资源观、生态观，不忘初心、牢记使命，聚力拥抱新时代、扬帆起航再出发。

希望广大浙商在振兴实体经济上再出发。实体经济是浙商发展壮大的根基所在、命脉所在。广大浙商要坚持以实业为本、以实业为先、以实业为重，胸怀做百年企业的梦想，弘扬工匠精神，专注追求品质，推进以质取胜，特别是要坚定不移做强做精制造业，不心浮气躁，不投机取巧，努力当好实体经济转型发展的领跑者。

希望广大浙商在强化创新驱动上再出发。创新能力是一个企业兴旺发达的决定性因素。广大浙商要以"十年磨一剑"的定力全面推进改革创新，注重传统产业改造升级，注重培育新经济、新业态、新模式，注重加大科技研发投入，不断增强自主创新能力，努力当好创新驱动发展的先行者。

希望广大浙商在共享发展上再出发。企业越发展，承担的社会责任就越大。广大浙商要增强社会责任感，努力寻求企业发展和社会责任的最大公约数，画出社会价值的最大同心圆。特别是要利用自身优势，多宣传推介家乡、多帮助家乡引进项目和资金、多为家乡兴办公益事业，努力当好义利并重、富而思报的践行者。

希望广大浙商在弘扬新时代浙商精神上再出发。新时代浙商精神与"红船精神"、浙江精神一脉相承，是浙商永远的魂。广大浙商要传承好、发扬好浙商优良传统，大力弘扬坚忍不拔的创业精神、敢为人先的创新精神、兴业报国的担当精神、开放大气的合作精神、诚信守法的法治精神、追求卓越的奋斗精神，努力当好引领社会风气的示范者。特别是新生代浙商要传承好、发扬好老一代浙商的优良传统，尽快挑起大梁，接好事业班、精神班、责任班，努力成为开拓创新的企业接班人。

尾声部分要表达主办方的决心和祝福。

各位浙商代表，各位来宾！

浙江省委、省政府历来重视浙商、尊重浙商，对浙商高看一眼、厚爱三分。我们将继续秉持亲商、安商、富商的理念，积极构建"亲""清"新型政商关系，努力打造审批事项最少、办事效率最高、投资环境最优、企业获得感最强的省份，做到工作到位、政策到位、服务到位、关爱到位，让广大浙商投资放心、创业安心、发展顺心，共同高水平谱写新时代中国特色社会主义的浙江篇章。

浙商朋友们！世界是你们的舞台，浙江是你们永远的家园。无论你们的企业做得大还是小，无论你们的事业是兴旺发达还是暂时遇到困难，无论你们是在省内还是省外，无论你们是在国内还是国外，无论你们今天是在现场参会还是在世界各地辛勤打拼，无论你们是驰骋商界多年的老将还是刚刚创业的新锐，家乡人民都始终牵挂你们，都一如既往、不遗余力地支持你们，也都真诚地欢迎你们常回家看看！

最后，祝第四届世界浙商大会取得圆满成功！

谢谢大家！

简单小结一下，致辞的行文方式基本上就是先欢迎，再回顾，接着讲现在，然后看未来，最后送祝福。

二、精练内容，丰富致辞的内涵

虽然一般的套路看起来平平无奇，但是这篇致辞的内容选择是很讲究的，很能决定总体的风格内涵。

一是回顾过去重在讲得实。致辞在回顾过去时，虽然说一个重要特点就是要多赞美、多表扬，但要注重言之有物、言之有据，讲得太虚容易让人觉得很虚假。

比如，这篇致辞在赞扬广大浙商"奋发进取、追求卓越，群体越来越大"时，是通过列举"省内有 100 多万家法人企业、300 多万户个体企业，省外有 30 多万家法人企业、200 多万户个体企业，海外有 10 多万家各类企业"数据来论证的。

又如，赞扬浙商"书写了许多奇迹"时，是用"从鸡毛换糖到机器换人，从代工贴牌到自主研发，从前店后坊到全球配置资源，从浙江制造到浙江创造，浙商始终不忘初心、开拓进取，挺立在创新创业的潮头"这些事例来支撑的。

再如，赞扬浙商支持和参与家乡建设发展时，是通过"据统计，我省累计回归浙商资本 1.2 万亿元，相当于去年全省地区生产总值的 26%，约占 7 年来全省固定资产投资总额的 9%"来说明的。

二是介绍现在重在强信心。一般来说，在官方的致辞中，主讲的领导都要讲一讲当地的工作、特色的做法，以帮助与会者提振信心、增强动力，为后面提希望做铺垫。

比如，这篇致辞介绍现在的部分，首先从指导思想、具体目标、工作导向等方面介绍了浙江建设发展的总体思路，就是要"深入学习贯彻党的十九大精神，按照省第十四次党代会和省委十四届二次全会做出的决策部署，围绕'富强浙江、法治浙江、文化浙江、平安浙江、美丽浙江、清廉浙江'的具体目标，突出'改革强省、创新强省、开放强省、人才强省'的工作导向，加快'高水平全面建成小康社会，高水平推进社会主义现代化建设'。"

接着，这篇致辞更细致地围绕"我们正以'最多跑一次'改革撬动各领域改革""我们正以供给侧结构性改革为主线深入推进转型升级""我们正以'一带一路'建设为统领，构建对外开放新格局""我们正以在发展中保障和改善民生为落脚点"，介绍了正在做的工作，进一步证明"新时代的浙江，发展机遇多、发展空间大、发展前景好"，呼唤大家好好干。

三是展望未来重在引共鸣。对未来展望准不准，能不能引起与会者的共鸣，也是致辞成功与否的关键。对此，领导从"浙商发展壮大的根基所在""企业兴旺发达的决定性因素""企业发展的社会责任""浙商永远的魂"四个维度，分别提了四点希望。这些内容点得很准，让人听了没有任何违和感。

三、巧用词句，提升致辞的"颜值"

看完这篇致辞，不知大家的印象是什么？大家的耳边回响的可能只有两个词："新时代"和"再出发"。当然，这既是十九大后公文中的两个高频词，也是这篇致辞的主题。这就是巧用词句的效果。一般来说，致辞中会用到以下几类。

一是关键词。这就是前面说的，整篇致辞围绕"新时代"这个关键词铺开，重点回顾了三个方面，聚焦"再出发"这个关键词发力，点明了四个重点，可以说这个关键词串起了致辞的纲、拎起了文章的魂，避免了常规文体的俗套。

二是排比句。致辞这类文体的文字风格是偏口语化的，排比句由于读起来有气势、有感染力，一般在致辞中用得较多。如"以实业为本、以实业为先、以实业为重""弘扬工匠精神，专注追求品质，推进以质取胜""多宣传推介家乡、多帮助家乡引进项目和资金、多为家乡兴办公益事业""大力弘扬坚忍不拔的创业精神、敢为人先的创新精神、兴业报国的担当精神、开放大气的合作精神、诚信守法的法治精神、追求卓越的奋斗精神"等，都是这类佳句。当然，这篇致辞里还有许多排比句，大家可以自行品悟。

三是修饰词。在演讲类、致辞类文体中，加入必要的修饰词，对增强语言美感有着较好的促进作用。通读这篇致辞，如"各位浙商代表，各位来宾！"这种提示性的语句，能够起到突出重点、强化提醒的作用。如在回顾过去的部分中，每个"我们一起……"；在分析现在的部分中，每个"我们正以……"；在展望未来的部分中，每个"希望……"，这种修饰性的词语能起到很好的感染、鼓动作用。

四、涵养情怀，增强致辞的魅力

好的文章以什么取胜？以给人以思想启迪和情怀共鸣取胜。这篇致辞就做到了。特别是注重涵养情怀的特点很"赞"。商人讲究的是效益、看重的是谋利。而这篇致辞用感情凝聚人心，用家国情怀架起了浙商与浙江合作的桥梁。

比如，开头回顾过去时，深情谈到"这些年来，浙商走遍千山万水，但不管走多远、走到哪里，最魂牵梦绕的地方还是祖国、还是家乡""家乡的一山一水、一草一木、一人一物，都寄托着浙商忘不了的亲情与友情，印刻着浙商磨不去的足迹与青春，承载着浙商剪不断的思念与牵挂"，这些话把浙商的心与家乡的好紧紧地联系在了一起，让听者动容、读者难忘，很好地消除了陌生感、拉近了彼此的距离。

再如，致辞末尾再次以大篇幅编织浙商与家乡的纽带，指出"无论你们的企业做得大还是小，无论你们的事业是兴旺发达还是暂时遇到困难，无论你们是在省内还是省外，无论你们是在国内还是国外，无论你们今天是在现场参会还是在世界各地辛勤打拼，无论你们是驰骋商界多年的老将还是刚刚创业的新锐"等各种场景下，"家乡人民都始终牵挂你们，都一如既往、不遗余力地支持你们，也都真诚地欢迎你们常回家看看！"家乡如此深情，浙商想不动容都难！

小致辞撑起大舞台
——撰写致辞的"四个侧面"

▼

当前，各类致辞写得比较多、用得比较多，致辞与讲话稿相比，场合、对象、目的均有所区别。一篇好的致辞，可以体现领导魅力、传达组织关怀、密切上下关系，因此比较受领导的重视。

一、明确一个目的：感染人、打动人

致辞，一般是在比较欢快、愉悦、喜庆的氛围中进行的，讲完了，如果大家没有受到感染、没有感到振奋，那么掌声估计是不热烈的，这样的致辞也是不成功的。那么，如何达到感染人、打动人的目的呢？致辞至少要体现三个方面的内容。

一是开头体现关怀。致辞在开头就让人觉得话语里洋溢着热情、充盈着温暖，这是必需的。比如，这篇致辞的开头这样写道。

欢迎你们莅临衡水市公安局 2017 年度人民警察荣誉仪式的现场，你们的到来，对全市公安机关是莫大的鼓舞，对全体民警而言，更是一份专属的职业荣耀。

二是细节引起共鸣。打动一个人，观察细节、注意细节、反映细节是一个好办法。因为只有心底有感情，才会去关注这些不明显的部分。比如，下面的这篇致辞虽然主要是在描述老前辈，但是对新同志也格外注意，特意对其进行了描述。它这样写道。

我相信，今年新录警的同志一定会终身铭记这次盛典般的仪式。立功的几位同志，本来只是做了一些分内的工作，记功已经感到意外，颁奖仪式又如此隆重，市委书记亲自来颁奖，不难看出大家的喜悦。

三是换位感召凝聚。一个使致辞让人如沐春风的办法是将心比心、换位思考，站在别人的角度描述，更易加深认同感。比如，致辞从重温前辈从警的老照片开始感怀。

实际上，每个人的人生历程几乎是相似的，从上学、参军到工作、结婚，从热血青年到渐行渐老，但是你们这一代人，走过的路更刻骨铭心，体验过饥寒交迫，遭遇过痛楚艰险，见证了改革，日子的苦、办案的难、生活的坎坷、岁月的酸甜苦辣，到了这个时候，你们反而更淡然了。

我特别敬佩的是，在与好几位同志交流时，他们说到以前的不易，脸上的笑容都云淡风轻，而谈及自己的工作，又都是那样神采飞扬。

所以，表扬人要会充满智慧地表扬，不动声色、润物无声才是最高境界，而且都是用事实说话，不会让人感到虚伪。

二、贯穿一项原则：有观点、有内涵

无论是讲话、演讲还是致辞，如何让人记住，关键的一条是要有观点做统率，不然，讲了一堆素材，纵使天花乱坠，别人听了还是不知所云，缺乏深刻的印象。所以，写致辞，要提炼出恰当的观点，为陈述增加内涵。举例如下。

大家大半生的忠诚、努力，大半生的奉献，让我们知道了，一个人的价值，不是用财富、地位、权势来衡量的，而是靠信仰、品格和贡献来创造的。

这说明，信仰、品格和贡献影响着一个人的价值。
再举例如下。

讲到时代，这令人无限感慨。身处一个什么样的时代，对于每个人的命运是那样重要。经历过乱世流离的人，才理解什么叫"宁为太平犬、莫做乱离人"。生在和平发展的年代，我们才有条件专注于读书、耕田。

这段话可以让听众理解和平发展时代对个人命运的重要性。再举例如下。

时代造就历史，时代也一再证明，事业是干出来的。

这句话让大家明白，只有靠双手，才能成就事业、铸造荣光。

当然，观点要具有一致性、连贯性，紧密围绕主题展开，不能前后矛盾，且要通过若干小观点共同支撑大主题。

三、坚持一条基线：讲工作、讲做法

领导致辞，不可能避开工作空对空，所以介绍工作、阐述成绩是必须坚持的一条基线，至于如何避免给听众带来古板和拘束的感觉，就看领导怎么在致辞中灵活融入这条基线了。比如，致辞在讲到"无数人的艰苦奋斗、守望相助、冷暖悲欢、成败得失，推动国家有了今天的蓬勃局面"时，巧妙地体现了工作上的变化。

我们都记得几十年前的衡水，大家曾坐着当年最先进的绿皮火车来到这座年轻的城市，政府文件都是手写油印的，当年老电力局是市区最高的办公楼，此刻我们所在的这个艺术中心还是一片荒野。而现在，衡水平均每七人就有一辆机动车，出警的自行车全部更换成了制式警车，电子监控、巡逻车辆遍布大街小巷。

同样，致辞在讲到"今天衡水公安工作的许多好的运转机制、警务模式、治理基础、作风传统，都是在过去几十年里，前辈们改革创新、积累创造、代代传承的结晶"时，也用一大段话描述了公安系统所做的工作。

我们始终坚持党对公安工作的绝对领导，这是国家经历了风风雨雨之后才得到的真知；我们始终坚持严打整治方针，这是这些年从应对治安变化的实践中得到的领悟；我们始终坚持推进治理体系和治理能力现代化，这是公安机关在服务发展、服务群众的一件件小事中凝聚起的共识；我们始终深信法治能带给人民幸福、带给国家希望，这是因为在几十年的求索中，我们看到了法治理念越来越深入人心，看到了治理国家，法治更靠得住。

值得注意的是，领导致辞区别于其他致辞的一点就在于坚定地阐述日常工作方针，这也是讲政治的重要体现。

四、突出一个特点：通俗化、群众化

通俗化的语言风格是致辞吸引听众的一个重要原因，这可以让群众听了感觉很贴心、很温暖。这篇致辞中也有许多类似的用语，比如，对警界骨干新老交接的阐述。

我们这些人，都是跟在前辈们的后面走过来的。看着你们黑发变白发，几十年坚守一份事业，坚守一个岗位，戎马一生、殚精竭虑，我们知道了什么是信仰、什么是担当。看着你们与人为善、奉公奉献，见证着你们的奋斗成就，我们领悟到了衡水公安骨子里的那份责任感。看着你们从警以来的点滴回忆，我们更理解了什么是人民警察的忠诚和荣光。

如今，从前辈们手中接过这个家，我们深知这个担子有多重。

其实，不仅是致辞，只要是讲话类材料，其语言都应通俗易懂，毕竟话是讲给大家听的，接地气才会有传播力、生命力。